Emmanuel Lévinas zur Einführung

Bernhard H.F. Taureck

Emmanuel Lévinas zur Einführung

JUNIUS

Junius Verlag GmbH
Stresemannstraße 375
22761 Hamburg
Im Internet: www.junius-verlag.de

Umschlaggestaltung: Florian Zietz
Titelfoto: Verlag Karl Alber
Satz: Druckhaus Dresden
Druck: Druckhaus Dresden
Printed in Germany 2006
ISBN-10 3-88506-629-7
ISBN-13 978-3-88506-629-3
4. Auflage April 2006

Die Deutsche Bibliothek – CIP-Einheitsaufnahme

Bibliografische Information Der Deutschen Bibliothek
Die Deutsche Bibliothek verzeichnet diese Publikation in der Deutschen Nationalbibliografie; detaillierte bibliografische Daten sind im Internet über <http://dnb.ddb.de> abrufbar.

Inhalt

Vorwort

Zur zweiten Auflage

Einführungen verleiten dazu, Gedanken eines Autors nicht nur darzustellen, sondern dem Leser das Urteil nahe zu legen: Mein Autor, in dessen Gedanken ich dich einführe, hat unbedingt Recht. Die Arbeit der Verdeutlichung wird zur Bemühung um Rechtfertigung. Die Verführung, die Verdeutlichen mit Rechtfertigen verwechselt, kann verschiedene Gesichter annehmen. Sie kann als zu viel Folgerichtigkeit erscheinen, mit welcher fast jeder Gedanke des Autors aus wenigen Grundannahmen hergeleitet wird. Sie kann in einer Suggestion von Selbstverständlichkeit liegen, die die Überlegungen des Autors mit geschliffenen Klischees drapiert. Oder sie nimmt – dies war bei vielen Arbeiten zu Hegel in der Zeit der Hegel-Renaissance der Siebzigerjahre zu beobachten – die Züge einer Nachahmung der Stilistik des Originals an. Arbeiten viele zu einer Zeit über denselben Autor und praktizieren dabei die Verwechslung von Verdeutlichung mit Rechtfertigung, so entsteht eine Mode hinsichtlich des jeweiligen Autors. Friedrich Nietzsche z.B. ist seit langem ein Opfer derartiger Modeschöpfung. (Mode entsteht nach Paul Valérys Beobachtung dann, wenn viele, die sich von anderen nicht unterscheiden wollen, diejenigen nachahmen, die Wert darauf legen, sich von anderen zu unterscheiden.)

Die hier erneut aufgelegte Einführung in die Philosophie von Emmanuel Lévinas versucht jener Verführung nach Möglichkeit zu entgehen. Sie arbeitet daher nicht mit einer Heiligsprechung, sondern mit philosophischer Kritik. Das Echo auf diese Einführung bestätigt das gewählte Vorgehen. Den einen ist diese Kritik überhaupt nicht genehm, die anderen scheinen darin eine unerlässliche Voraussetzung zu erblicken, Lévinas philosophisch ernst zu nehmen.

Da dieses Buch eine Reihe verständnisvoller Besprechungen und 1995 eine Übersetzung ins Dänische erhielt, ist es an dieser Stelle nicht erforderlich, Missverständnisse auszuräumen. Ergänzend sei lediglich bemerkt, dass Lévinas' Überlegungen zur Sprachlichkeit der Begegnung mit dem anderen Menschen auch insofern einen Beitrag zur Philosophie des 20. Jahrhunderts darstellen, als deren Frage nicht primär dem Wesen des Menschen oder der Welt oder des Subjekts oder der Vernunft, auch nicht der Demokratie oder der Kunst, sondern der *Bedeutung* galt. Inwiefern hat Sprache Bedeutung? Von welchen Bedingungen hängt es ab, dass sprachliche Ereignisse etwas bedeuten und als solche verstehbar sind? Sind es Umweltbezüge oder Wahrheitsbedingungen oder unbewusstes Begehren oder Gebrauch oder phonetische Gegensätze? Platon und die Metaphysiker nach ihm nahmen an, dass es stabile Bedeutungen an sich gibt. Diese Annahme wird von der Mehrzahl der Denker des 20. Jahrhunderts, darunter auch Lévinas, als Täuschung abgelehnt. Platon und die Platoniker fügten jedoch einst hinzu: Es liegt noch etwas »jenseits des Seins« (»epékeina tes usías«, bemerkt Platon in: Politeia, 509b; vgl. Plotin, Enneaden, V.6). Über dieses Jenseits lasse sich jedoch nicht mehr rational reden wie über das, was der Fall ist. Daraus folgerte Plotin, hierüber könne nur in Bildern – eines Zentrums von Radien, einer Quelle, einer Wurzel – gesprochen werden. Es ist diese Seite der platonischen Tradition, an die Lévinas anschließen möchte, um Bedeutung zu zeigen. Er setzt dabei grundsätzlich das bildhafte Reden fort.

Zugleich wirkt bei dem sich in die neuere französische Tradition stellenden Lévinas jene Konzeption von Henri Bergson nach, die das Bild (l'image) zwischen Repräsentation und Ding stellte. Lévinas beansprucht auf diese Weise einen eigenen Rückgang hinter das Geäußerte. Wie dies zu verstehen ist und welche Probleme sich dabei stellen, soll die vorliegende Einführung umreißen.

Neben dem hier vorgeschlagenen Einstieg über den Artikel »Judentum/Judaismus« kann ein zweiter Einstieg empfohlen werden. Es handelt sich um Nr. 4 des ersten Teils von *Totalität und Unendlichkeit*, d.h. um *Rhetorik und Ungerechtigkeit (Rhétorique et injustice)*. Eng an Platons Dialog *Phaidros* anschließend, bestimmt Lévinas die Rhetorik hier als »violence par excellence«, die den anderen Menschen nicht von Angesicht zu Angesicht, sondern von der Seite angehe und als Ding behandle. Wird man hierbei bemängeln, dass Lévinas selbst gar nicht umhin kann, seinerseits Rhetorik zu benutzen, um zu überzeugen, so darf der Hintergrund nicht vergessen werden, der sein Denken überall bestimmt. Es geht weniger um eine Ablehnung von Rhetorik überhaupt als um deren Einsatz in Gestalt von Propaganda. In diesem Fall, so Lévinas, werde das Sprechen zur Gewalt gegen die Freiheit des Anderen. Lévinas' Philosophie zeigt sich damit als etwas, was sie stets auch ist: Zeugnis gebend von einem Jahrhundert, das sich für die Lebenden und Überlebenden als das Jahrhundert der bisher nachhaltigsten Zerstörung darstellt.

Die zweite Auflage wurde verbessert und, neben bibliographischen und biografischen Angaben, durch diese Vorrede sowie durch einen ausführlichen Zusatz zum Schlusskapitel erweitert.

Zur dritten Auflage

Wo ich meine hinzugelernt zu haben, wurde der Text der zweiten Auflage durch Zusätze erweitert. Sie betreffen das Problem des kulturellen Wandels, das Dilemma Israels, die Theologie von Lévinas und schließlich seine Ausblendung des Hörens aus seiner Philosophie des anderen Menschen.

Zur vierten Auflage

Die vierte Auflage dieses Buches erscheint im Jahr des 100. Geburtstags von Emmanuel Lévinas. Das Interesse an seiner Philosophie hat kaum nachgelassen. 1988, als bei Rowohlt mein Band *Französische Philosophie im 20. Jahrhundert* erschien, musste sein Name noch gleichsam buchstabiert werden, heute ist er fast populär. Trotzdem bin ich nicht sicher, ob der Scheitelpunkt von Lévinas' Wirksamkeit, ähnlich der von Derrida, nicht unmerklich bereits überschritten ist, ohne dass sich erkennen und benennen ließe, ob und wie sie oder wie zumindest die in diesem Buch skizzierte Kritik an diesem Denken fortgesetzt würde.

2003 erschien im Pariser Verlag Desclée de Brouwer das Buch *Qu'est-ce que la philosophie juive?* des bekannten Autors Gérard Bensussan (Straßburg). Es versteht die jüdische Philosophie in der Besonderheit ihrer Bezüge zum griechischen, arabisch-mittelalterlichen und deutschen Denken und fügt Lévinas auf glückliche Weise in diesen Kontext ein. Von Bensussan vgl. auch: *Lévinas et l'exercice de la philosophie* (in: Revue internationale de la philosophie, 2006).

1. Einleitung

Emmanuel Lévinas' Hauptwerke liegen seit 1961 bzw. 1974 vor. In Deutschland begann eine breite akademische Beschäftigung mit Lévinas erst in den Neunzigerjahren. In Frankreich dagegen beschäftigt sich schon länger nicht nur die akademische Philosophie mit Lévinas. Denker wie der späte Sartre, Lyotard, Irigaray, Derrida, Blanchot und auch Baudrillard weisen inzwischen Spuren der Beeinflussung durch Lévinas auf. Auch der angelsächsische Raum öffnete sich für ihn.[1]

Lévinas ist der gegenwärtig zeitgemäßeste unzeitgemäße Denker: Aus zwei Quellen schöpfend, der jüdischen Tradition und der Phänomenologie Husserls, ist er konsequent einen Denkweg gegangen, der die Existenzphilosophie Sartres hinterfragt und sich mit dem berührt, was »Poststrukturalismus« genannt wird. Dabei ist Lévinas weder Existenzphilosoph noch Poststrukturalist. Er ist im Grunde etwas, was sich gegenseitig auszuschließen scheint: Er ist beides. Mit Sartre verbindet ihn ein Humanismus der Verantwortung, den er jedoch auf eine vorgängige Verpflichtung gründet. Mit dem Denken nach dem Strukturalismus verbindet ihn die Kritik an der Präsenz einer autonomen Subjektivität, die er jedoch in eine ursprüngliche Sprachdimension einschreibt. Wenn Lévinas den französischen Philosophen etwas Neues gezeigt hat, so ist es die Möglichkeit, die Philosophie eines bestimmten Denkers nicht immer weiter zu umkreisen, sondern sie sich selbst zu überlassen und an ihrer Stelle etwas gänzlich anderes zu erschließen. Dieser Denker ist Martin Heidegger. An die Stelle des heideggerschen Seinsdenkens setzt Lévinas die angestrengte Zuwendung zur Andersheit des anderen Menschen, an die Stelle einer Philosophie jenseits von Ethik eine *Ethik jenseits der bisherigen Philosophie*. Deshalb unterscheidet sich Lévinas auch vollständig von seinem jüdischen Altersgenossen Hans Jonas, der zwar gegenüber Heidegger ebenfalls Ethik einklagt, jedoch in Gestalt restloser Distanzlosigkeit zu dem, was Lévinas abtragen möchte: der Lehre vom Seienden, der Ontologie.

Die vorliegende Einführung versucht, das Zentralmotiv von Lévinas' Philosophie im Ausgang von dessen geistigem Judentum zu bestimmen: Es ist der extreme Humanismus einer sich verpflichtenden Hinwendung zum anderen Menschen. Die maßgeblichen philosophischen Fragestellungen, gewisse Ergebnisse und bestehende Probleme dieses extremen Humanismus werden unter Berücksichtigung der bisherigen philosophischen Kritik dargestellt. Der Rahmen einer Einführung erfordert eine Beschränkung auf die zweite und dritte Denkphase von Lévinas. Die Einführung gruppiert sich also um die beiden Hauptwerke *Totalité et infini* (1961) und *Autrement qu'être ou au-delà de l'essence* (1974) unter Einschluss verwandter Essays. Mancher Leser wird hier eine Schilderung konkreter Phänomene bei Lévinas – z.B. Sexualität, Gewalt, Zeitlichkeit – vermissen. Da deren Darstellung bereits anderswo unternommen wurde, beschränkt sich diese Einführung auf die streng philosophische Linie des extremen Humanismus, auf ihre jüdischen Voraussetzungen und auf philosophische Kritik.[2] Angesichts des relativ geringen Bekanntheitsgrades von Lévinas beim deutschen Publikum scheint es geboten, ihn selbst soweit als möglich im Wortlaut zur Geltung kommen zu lassen. Dabei werden einige Texte erstmalig ins Deutsche übertragen. Siegfried Gerlich danke ich für eine kritische Lektüre.

2. Präphilosophie: Das Judentum

»Ich ging einmal in einer stockfinsteren Nacht und sah einen Erblindeten, der des Wegs ging mit einer Fackel in der Hand. Ich sagte zu ihm: Mein Sohn, was nützet dir diese Fackel? Er sagte zu mir: alle Zeit, da eine Fackel in meiner Hand ist, sehen mich Menschen und bewahren mich vor Fallgruben, vor Dornen und vor Disteln.«
Talmud, Magilla 24 b

»Jeder, der das Gesicht seines Gefährten vor den Vielen erbleichen lässt, ist, als ob er Blut vergieße.«
Talmud, Bawa mezia 59 a

Lévinas als moderner Fortsetzer der älteren jüdischen Philosophie

Lévinas hat ausdrücklich ein Philosophieren vertreten, das durch Bezug auf etwas anderes als bloß Philosophie geschieht. Philosophie besitzt für Lévinas Rückbezug, Rückbindung an andere Wahrheiten und andere Motive als die, die bloß einer innerphilosophischen Beweisführung zugänglich sind. Sein Denken lässt sich daher als eine Philosophie der Distanz zur europäischen Philosophie bezeichnen. In einem Interview mit Christian Descamps bemerkte Lévinas 1980: »[...] jede philosophische Erfahrung ruht auf einer präphilosophischen Erfahrung.« (EM, 142; vgl. EI, 14) Philosophie ist für Lévinas mit einer eigenen Erfahrung verbunden, die ihrerseits weiter zurückweist auf vorher Erfahrenes, auf etwas, was außerhalb philosophischer Sätze gilt. Lévinas teilt an jener Stelle mit, worin für ihn die »präphilosophische Erfahrung« besteht: »Ich habe im jüdischen Denken die

Tatsache gefunden, dass die Ethik nicht eine einfache Seinsregion darstellt. Die Begegnung mit dem anderen Menschen bietet uns den ursprünglichen Sinn überhaupt, und in seiner Verlängerung findet man allen weiteren Sinn. Die Ethik ist eine entscheidende Erfahrung.« (EM, 142)

Damit ist deutlich bezeichnet, worin für Lévinas die präphilosophische Erfahrung besteht, die ihm sein Verständnis für eine philosophische Gesamtsicht eröffnete: Es ist das »jüdische Denken« (la pensée juive). Lévinas' jüdisches Denken ist doppelt zu akzentuieren: als *jüdisches* Denken und als jüdisches *Denken*. Die erste Akzentuierung führte Lévinas über die bisherigen Philosophen seit Sokrates hinaus: Nicht Theorie, nicht Erkennen ist ursprüngliche Philosophie, sondern eine Ethik jenseits des bisherigen Verständnisses von »Ethik«. Der Weg hinaus aus dem okzidentalen, zweieinhalbtausendjährigen Begriffsgeflecht jedoch ist immer noch ein Weg, d.h. eine Bewegung, die neue Verfahren und Methoden benötigt. *Jüdisches* Denken bleibt auf *Denken* angewiesen. Diesem Erfordernis hat Lévinas stets aufs Neue Rechnung getragen. »Die Bibel und die Griechen«, lautet seine Formel. Dabei meint »die Griechen« die Prägung der philosophischen Begrifflichkeit durch die griechische Sprache und die griechischen Philosophen.

Lévinas steht darüber hinaus in einer Tradition jüdischer Religionsphilosophie, die besonders durch Moses ben Maimon, genannt Maimonides (1135-1204), vertreten wurde. Angeregt durch das von arabischen Denkern formulierte Kalam-Programm des Korrespondenznachweises zwischen Koran und Philosophie, machte man es sich in dieser Tradition zur Aufgabe, die religiösen Texte des Judentums mit der Vernunft der Philosophie in Einklang zu bringen. Lévinas übernimmt dieses Programm nicht. Seine Version einer ursprünglich ethischen Philosophie lässt die alte Unterscheidung zwischen dem »Gott Abrahams und Isaaks« und einem »Gott der Philosophen« insofern hinter sich, als die Rede von »Gott« erst in der Zuwendung zum anderen Menschen einen einheitlichen Sinn erhält jenseits der traditionellen Unterscheidung zwischen einem religiösen und einem philosophischen Gott. Diese Überschreitung der alten jüdischen Tradition hat Lévinas aber nicht daran gehindert, sich auf Maimonides positiv zu berufen: Bereits bei Maimonides gelte, so Lévinas 1988, dass das »rationale Wissen von Gott durch ein ethisches Verhalten als Bezug zum anderen Menschen ermöglicht werde« (HN, 202 f.).

Lévinas' Auslegungen religiöser Texte der jüdischen Tradition widerstreben dem, was er als »frommen Obskurantismus« ablehnt. (Vgl. HN, 202 f.) Als Beispiel einer nicht obskurantistischen Textauslegung sei hier angeführt, wie Lévinas die Erschaffung der Frau deutet. In seiner Interpretation des alttestamentlichen Berichtes von der Erschaffung der Frau und der späteren jüdischen Kommentare gelangt Lévinas zu dem Ergebnis, dass die Frau dort nicht etwa nur als »Anhängsel« des Mannes entstanden sei. Sie sei nicht aus Adams »Rippe«, sondern aus seiner »Seite« erschaffen. Lévinas widersetzt sich damit der paternalistischen Absegnung einer vermeintlichen Minderwertigkeit der Frau. Er unterscheidet zwischen einer geschlechtlich bestimmten Differenz und einer primären Beziehung zum anderen Menschen: »Nicht wird die Frau [...] verkannt. Die Beziehung, die sich auf die Unterschiede der Geschlechter gründet, wird der zwischenmenschlichen Beziehung untergeordnet – einer Beziehung, die den Kräften und den Komplexen der Libido entzogen bleibt. Die Frau erhebt sich zur zwischenmenschlichen Beziehung ebenso wie der Mann.« (SaS, 148)

Lévinas ordnet also den Geschlechtsunterschied der Beziehung von Menschen zu anderen Menschen unter. Das hat die Kritik von Jacques Derrida herausgefordert. (Vgl. Kap. 4, S. 97 f.)

Ausgangslektüre: Explikation des »Judentums«

Um Lévinas näher zu kommen, sei mit der Besprechung eines Textes begonnen, der bisher noch nicht in deutscher Übersetzung vorliegt und der als grundlegend eingeschätzt wird.[3] Es handelt sich um den Artikel »Judaïsme« (Judentum/Judaismus), den Lévinas für die *Encyclopaedia Universalis* verfasst hat:

Judentum/Judaismus

»Das Wort ›Judentum/Judaismus‹ enthält in unserer Zeit sehr verschiedene Vorstellungen. Es bezeichnet vor allem eine Religion: ein System von Glaubensinhalten, von Riten und moralischen Vorschriften, die sich auf die Bibel, den Talmud, die rabbinische Literatur stützen, und ist oft verbunden mit der Mystik oder der Theosophie der Kabbala. Die Hauptformen dieser Religion haben sich seit fast 2000 Jahren nicht verändert und zeugen von einem Geist, der sich gänzlich seiner selbst bewusst ist, der sich in einer religiösen und moralischen Literatur spiegelt und der zugleich weiterer Fortsetzungen fähig ist. ›Judentum/Judaismus‹ bedeutet seither eine Kultur. Als Ergebnis oder Basis der Religion, jedoch mit einem eigenen Werden. Auf der Welt – und selbst im Staat Israel – berufen sich darauf auch die Juden ohne religiösen Glauben und ohne religiöse Praktiken. Für die Millionen Israeliten, die sich der jeweiligen Umgebungszivilisation angepasst haben, kann das Judentum nicht als Kultur gelten: Es ist vielmehr eine unbestimmte Sensitivität, bestehend aus einigen Vorstellungen und Erinnerungen, einigen Bräuchen und Gefühlen, aus einer Solidarität mit den wegen ihres Judentums verfolgten Juden.

Und trotzdem: Diese Sensitivität, diese Kultur, diese Religion werden von außen wahrgenommen wie die Aspekte einer überdeterminierten Entität, die zu klassifizieren Probleme bereitet. Nationalität oder Religion? Fossil gewordene Zivilisation, die sich selber überlebt – oder Ferment einer besseren Welt? Mysterium Israel! Jenes Problem spiegelt eine historische Gegenwärtigkeit, die einzigartig ist. In der Tat, als Quelle der großen monotheistischen Religionen, denen die moderne Welt ebenso viel wie dem antiken Rom oder Griechenland verdankt, gehört das Judentum zur lebendigen Aktualität. Durch den Beitrag an Begriffen und Büchern, durch Männer und Frauen als Pioniere großer Unternehmungen und Opfer großer historischer Umwälzungen gehören diese in gerader, ununterbrochener Linie dem Volk der heiligen Geschichte an. Der Versuch der Wiedererweckung eines Staates in Palästina und der Wiederentdeckung einstiger schöpferischer Eingebungen mit universeller Bedeutung lässt sich außerhalb der Bibel nicht verstehen.

Das Ausnahmewesen des Judentums – niedergelegt in quadratischen Buchstaben [gemeint ist die hebräische Schrift] und den Gesichtern der Lebenden Klarheit gebend, indem es zugleich alte Lehre und Zeitgeschichte ist –, läuft es nicht Gefahr, eine mythische Vision nahe zu legen, deren Spiritualität zugleich der Analyse zugänglich bleibt? Die objektive Wissenschaft – Soziologie, Geschichte, Philologie – ist bemüht, das Ausnahmewesen auf eine Regel zurückzuführen. Die okzidentalen Juden waren die Initiatoren dieser Forschung. Der *Theologisch-politische Traktat* Spinozas am Ende des 17. Jahrhunderts begann mit der kritischen Lektüre der Schriften. Zu Beginn des 19. Jahrhunderts transformierten in Deutschland die Begründer der berühmten ›Wissenschaft des Judentums‹ [im Original deutsch] die Heiligen Schriften in bloße Dokumente. Die Paradoxien eines unvergleichlichen Schicksals und einer absoluten Unterweisung wurden leicht in die wissenschaftlichen Kategorien eingereiht, die für alle spirituellen Realitäten und für alle anderen menschlichen Partikularismen bereitgestellt wurden. Alles erklärt sich durch Ursachen. Vieles Ursprüngliche löst sich auf in Einflüsse, die methodisch erforscht und entdeckt werden. Das Judentum/der Judaismus geht daraus vielleicht bewusster über seine Geschichte hervor, aber zugleich stets unsicherer über seine Wahrheit.

Allerdings kann man sich fragen, ob die wissenschaftliche Thematisierung einer spirituellen Bewegung uns ihren wahrhaften Beitrag und ihre wahrhafte Deutung eröffnet. Zeigt die Weisheit ihr Inneres und gibt sie ihr Geheimnis preis, wenn sie nicht die Kraft besessen hat, um als Botschaft zu ertönen oder als Ruf zu ergehen? Das jüdische Bewusstsein findet – trotz der Vielfalt der Formen und der Niveaus, in denen es existiert – seine Einheit und seine Einzigkeit in den Stunden der großen Krisen wieder, wenn die ungewöhnliche Verbindung von Texten und Menschen, die öfter die Sprache dieser Texte nicht kennen, sich im Opfer und der

Verfolgung erneuert. Die Erinnerung an diese Krisen dient als Nahrung für die Zwischenzeiten der Ruhe.

In diesen außergewöhnlichen Augenblicken verliert das hellsichtige Werk der Wissenschaft des Judentums seine spirituelle Bedeutung, die das Wunder der Offenbarung oder des Volksgeistes auf eine Vielzahl von Einflüssen zurückführt. Dann glänzt an der Stelle der wunderbaren einzigen Quelle das Wunder des Zusammenströmens. Es wird hörbar wie eine Stimme, die am Grunde konvergierender Texte aufruft und die sich in einer Sensitivität und einem Denken verstärkt, die auf sie warten. Was sagt die Stimme Israels, wie lässt sie sich in wenige Sätze übertragen? Vielleicht sagt sie nichts anderes als das, wohin der Monotheismus und die jüdische Bibel die Menschheit geführt haben. Zunächst kann man vor dieser alten Wahrheit oder diesem allzu zweifelhaften Anspruch zurückweichen. Aber das Wort ›Monotheismus‹ bezeichnet eine Reihe von Bedeutungen, von denen aus der Schatten des Göttlichen – jenseits aller Theologie und allen Dogmatismus – auf die Wüsten der Barbarei fällt: dem Höchsten folgen, ausschließlich für den Einzigen Treue zeigen; misstrauisch bleiben gegenüber dem Mythos, durch den sich die vollendete Tatsache, die Zwänge des Brauchs und des Landes, der machiavellistische Staat und seine Räson als Notwendigkeit darstellen. Dem Höchsten folgen, da nichts anderes höher steht, um sich dem Höchsten zu nähern: Fürsorge für das Los ›der Witwe, der Waise, des Fremden und des Armen‹, und kein Näherkommen ›mit leeren Händen‹ ist ein Näherkommen. Somit spielt sich auf der Erde, unter den Menschen das Abenteuer des Geistes ab. Das Trauma meiner Sklaverei [Subjekt ist hier das Judentum] in Ägypten bildet selbst meine Menschlichkeit: das bringt mich von Anfang an in die Nähe aller Proletarier, aller Elenden, aller Verfolgten dieser Erde. In der Verantwortlichkeit für den anderen Menschen liegt meine Einzigkeit selbst: Ich könnte mich ihrer für niemanden entziehen, ebenso wenig wie ich hinsichtlich meines Todes durch jemand anderen ersetzbar wäre. Daher stammt die Auffassung einer Kreatur, die die Chance ihrer Rettung besitzt, ohne auf einen Egoismus des Heils zu verfallen. Und deshalb ist der Mensch für Gottes Absichten nicht zu ersetzen; genauer: es gibt nur göttliche Absichten im Sein. Daher stammt auch die Vorstellung des Erwähltseins, die in Hochmut umschlagen kann, die jedoch ursprünglich das Bewusstsein einer unwiderruflichen Zuweisung ausdrückt, aus der die Ethik stammt und durch welche die Universalität des Zwecks die Einsamkeit, die Beiseitestellung des Verantwortlichen einschließt. Der Mensch ist zur Rechenschaft vor dem Gericht und der Gerechtigkeit aufgefordert, die jene Verantwortung anerkennen. Die Barmherzigkeit mildert die Strenge des Gesetzes, ohne sie aufzuheben. Der Mensch kann, was er soll: Er kann die feindlichen Mächte der Geschichte beherrschen, indem er ein messianisches Reich, ein Reich der Gerechtigkeit verwirklicht, das von den Propheten angekündigt worden war. Die Erwartung des Messias ist die Dauer der Zeit selbst.

Extremer Humanismus eines Gottes, der viel von dem Menschen verlangt. Nach Ansicht vieler verlangt Er ihm zu viel ab! Vielleicht ist es eine Ritualisierung, die alle Gesten des alltäglichen Lebens des gesamten jüdischen Menschen regelt, das berühmte Joch des Gesetzes – das die frommen Seelen als Freude empfinden –, worin der charakteristischste Zug des Judentums besteht. Der Jude hat ihn durch die Jahrtausende hindurch bewahrt. Er führt diese Existenz auf die natürlichste Weise und zugleich in Distanz zur Natur. Aber auf diese Weise vielleicht als Offenheit für den Höchsten.« (DL, 42-45)

Der Text unternimmt eine Apologie des Judentums, aber er unterscheidet sich von banaler Apologetik dadurch, dass eine Doktrin nicht gegen alle Einwände als die bessere oder beste angepriesen wird. Lévinas' Apologie des Judentums ist subtiler und hintergründiger als das übliche Parteiergreifen für eine Sache: Das Judentum wird nicht als »gute« oder »bessere« Sache gerechtfertigt, sondern als eine – wie später zu zeigen ist – Bedingung dafür, dass ethisch Gutes überhaupt auftritt.

Die erste Apologie gilt der Bedrohung der Identität des Judentums durch die Schwierigkeit, es als »Religion«, »Kultur« oder »Sensitivität« zu rubrizieren. Diese Schwierigkeit stellt jedoch, so Lévinas, nur in einer Außensicht eine Bedrohung dar: Das Singuläre des Judentums sei, dass die rubrizierende Identifikation nicht Auflösung, sondern Präsenz darstelle. Das Judentum besitze eine doppelte Aktualität. Erstens sei es Ursprung der monotheistischen Religionen, zweitens sei ein Staat Israel wieder entstanden.

Die zweite Apologie betrifft die Bedrohung der »Einzigkeit« des Judentums durch seine historische Erforschung. Die Judaistik nimmt dem Judentum seine Einzigkeit, indem sie Einflüsse aufweist, unter denen es entstanden ist. Dagegen setzt Lévinas das Faktum, dass das Judentum in den großen Krisen seine »Einheit« und seine »Einzigkeit« gefunden habe. Krisen führten zur Verbindung von Texten und Menschen, und an die Stelle der historisch einheitlichen Entstehung trete »das Wunder des Zusammenfließens«. Lévinas nennt hier keine bestimmte Krise, aber es ist bekannt, dass z.B. die antike Krise der Vertreibung der Juden aus Palästina durch die Römer zur Vereinheitlichung der religiösen Dogmatik im Talmud führte und dass dem Holocaust die Gründung des Staates Israel folgte.

Lévinas hat seinen Artikel als Steigerung angelegt: Was ist es, das der bloß philologisch-historischen Erforschung des Judentums notwendig entgeht? Was ist die »Wahrheit« des Judentums? Lévinas hält dafür mehrere Antworten bereit, die offenbar folgende Bedeutungsreihen enthalten: 1. Monotheismus = 2. dem Höchsten folgen = 3. sich keiner anderen moralischen oder politischen Macht beugen, 4. meine Einzigartigkeit in der Verantwortung für den anderen Menschen finden, 5. auserwählt sein für den Vollzug ethisch-universalistischen Handelns, 6. an einem messianischen Reich der Gerechtigkeit arbeiten = 7. extremer Humanismus des einen Gottes, der die Menschen fordert.

Es besteht dabei jedoch kein begrifflicher Ableitungszusammenhang. Entscheidend ist der Übergang von (1) zu (2), d.h. von der Annahme einer Einzahligkeit Gottes zu moralischen Forderungen. Dieser Übergang von der »Bedeutung« Gottes zu Forderungen findet sich bekanntlich auch im Dekalog: »Ich bin der Herr, dein Gott, und du sollst ...« Es ist nicht zu unterstellen, dass Lévinas hier eine heimliche Ableitung von »soll sein« oder »soll geschehen« aus »ist« vornimmt, d.h. eine Ableitung, die trotz aller neueren Vorschläge in diese Richtung falsch bleibt.[4] Was gegeben wird, ist lediglich eine Erläuterung des Wortes »Gott« in Gestalt eines moralischen Sollens. »Gott« wird nicht als etwas beschrieben, was auf eine bestimmte Weise existiert, sondern als etwas, was als Imperativ »Du sollst ...«, »Alle Menschen sollen ...« präsent ist.

Die Imperative (3) bis (6) akzentuieren Verschiedenes:

- unbedingte moralische Selbstständigkeit auch gegenüber politischen Machtmonopolen (3),
- moralische Identität als Resultat meiner Verantwortung für den Anderen statt als Voraussetzung für die Wahrnehmung meiner Verantwortung (4),
- Auserwähltsein zum uneingeschränkt moralischen Tun (5),
- Beförderung eines messianisch globalen Zustands der Gerechtigkeit (6).

Es fällt auf, dass in den Imperativen (4), (5) und (6) gegenüber dem, was gewöhnlich als Moralität zählt, einige Verschiebungen stattgefunden haben. Denn im Kontext einer Ethik der Autonomie des moralisch handelnden Subjekts gilt die Identität des Subjekts S als Bedingung dafür, dass S moralisch richtig handelt, dass er beispielsweise andere Menschen – wie Kants zweite, von Lévinas bevorzugte Fassung der Pflicht besagt[5] – stets auch als sich selbst freisetzende Zwecke achtet. Lévinas scheint die Bezüge umkehren zu wollen: Erst im Vollzug von Pflicht wird S zu S, wie (4) besagt. Im üblichen Schema des Verstehens legt sich Ideologieverdacht nahe: Ist S nicht entfremdet, sofern nicht mehr von S ausgegangen werden kann?

Es besteht jedoch kein Anlass, Lévinas hier zu belehren. Er geht bereits vom »Ende des Subjekts« aus, das er als Spätfolge der bisherigen ontologischen Tradition erblickt. Auch auf der Ebene der Wissenschaften hat der Mensch für Lévinas keine Chance mehr. Subjektivität kann – das ist eine seiner zentralen

Thesen – nur über die Beziehung zum anderen Menschen »heil« oder »heilig« werden. Die Subjektivität »ist geheiligt in ihrer Alterität, in Bezug auf welche ich mich – in einer unwiderlegbaren Verantwortlichkeit – als meiner Souveränität beraubt setze. Paradoxerweise ist der Mensch nur als alienus [als fremder und anderer] nicht entfremdet.« (AQE, 76)

Das »Auserwähltsein« (5) bietet besondere Verständnisschwierigkeiten. Christian Descamps fragte Lévinas 1980: »Für mich, der ich kein Jude bin, gestehe ich, dass es mir Mühe bereitet, den Begriff eines ›auserwählten Volkes‹ zu verstehen.« Lévinas antwortete: »Die Erwählung privilegiert nicht. Die Erwählung hat bloß einen moralischen Sinn. [...] Der Prophet (derjenige, der die Gerechtigkeit fordert) wird nicht von den anderen erwählt. Er wird erweckt, weil er als Erster den Appell vernommen hat.« (EM, 145) Damit ist ausgedrückt, dass »Erwählung«, dass »Auserwähltsein« eigentlich keinen moralischen Begründungszusammenhang ergibt, sondern einen Entdeckungszusammenhang: Der, der den Appell (verstanden als Wissen einer Verpflichtung) zuerst vernimmt, ist auserwählt.

Der Inhalt (6) der Imperative ist zweideutig: Ein planetarischer Gerechtigkeitszustand wird als messianisch vorgestellt. Das bedeutet: Entweder wird Gerechtigkeit durch Vorstellungen von »Messianismus« begründet oder aber »Messianismus« durch Begriffe von Gerechtigkeit. Lévinas lässt diese Zweideutigkeit an dieser Stelle unentschieden. Mit Gershom Scholem ist freilich zu ergänzen, dass der jüdische Messianismus sich grundsätzlich von einem christlichen, »geistlichen« Messianismus unterscheidet: »Es ist ein völlig anderer Begriff von Erlösung, der die Haltung zum Messianismus im Judentum und Christentum bestimmt [...]. Das Judentum hat, in allen seinen Formen und Gestaltungen, stets an einem Begriff von Erlösung festgehalten, der sie als einen Vorzug auffasste, welcher sich in der *Öffentlichkeit* vollzieht, auf dem Schauplatz der *Geschichte* und im *Medium der Gemeinschaft*, kurz, der sich entscheidend in der Welt des *Sichtbaren* vollzieht und ohne solche Erscheinung im Sichtbaren nicht gedacht werden kann.«[6] Wird diese innerweltliche Bedeutung von »Messianismus« zugrunde gelegt, so gilt für Lévinas, dass der Messianismus Gerechtigkeit einschließt. Aber damit gilt nicht auch das Umgekehrte, dass Gerechtigkeit Messianismus impliziert.

Der Artikel »Judentum/Judaismus« führt in seiner letzten Bedeutung (7) auf einen »extremen Humanismus«. Lévinas' Philosophie im Ganzen ist verstehbar als »extremer Humanismus«, sofern darin der jüdische Monotheismus philosophisch zu Wort kommt.

Maurice Blanchot über Lévinas' Humanismus

Es existieren mindestens zwei historische Formen von »Humanismus«: zum einen der Inbegriff von Wertungen über die griechisch-römische Antike, zum anderen ein spezifisch jüdischer Humanismus. Dass von Letzterem überhaupt gesprochen werden kann, ist vor Lévinas von Martin Buber als Vorrang einer Ich-Du-Beziehung zwischen Gott und Mensch im Judentum bezeichnet worden: »Primär im religiösen Leben des Judentums ist nicht das Dogma [...]. Alles, was in abstracto, was in der dritten Person vom Göttlichen ausgesagt wird, jenseits des Gegenübers von Ich und Du, ist nur Projektion auf die begriffliche, konstruierte Ebene.«[7]

Die vielleicht umfassendste und genaueste Bestimmung dessen, was im Zusammenhang mit Lévinas als »jüdischer Humanismus« ansprechbar ist, stammt von Maurice Blanchot. Blanchot, der Freund, der Lévinas' Frau vor den nationalsozialistischen

Verfolgern rettete, dürfte im Übrigen der authentische Vermittler zwischen Lévinas' Philosophie und der philosophisch-literarischen Öffentlichkeit in Frankreich sein. Blanchot würdigt in seinem Text *Etre juif* (Jude/Jüdisch sein) zunächst Sartres Kritik, wonach erst der Blick der nichtjüdischen (französischen) Bevölkerung einige Menschen zu Juden gemacht habe[8], und geht dann dazu über, eine eigene »Wahrheit« des Judentums unabhängig vom Antisemitismus zu bestimmen. Die entscheidenden Sätze Blanchots lauten:

»Was wir dem jüdischen Monotheismus verdanken, ist nicht die Offenbarung vom einzigen Gott. Es ist die Erschließung der (gesprochenen) Sprache als Ort, wo die Menschen sich in Bezug halten zu dem, was jeden Bezug ausschließt: das absolut Ferne, das absolut Fremde. Gott spricht, und der Mensch spricht zu ihm. Das ist das große Faktum Israels. [...] Zu jemandem sprechen bedeutet, dass akzeptiert wird, dass der Angesprochene nicht in ein System von Sach- oder Seinsinformationen eingeführt wird. Es bedeutet vielmehr, ihn als unbekannt anzuerkennen und als Fremden aufzunehmen, ohne ihn zu nötigen, seine Andersartigkeit aufzugeben. In diesem Sinn ist die (gesprochene) Sprache (la parole) das gelobte Land, wo das Exil sich als Aufenthalt erfüllt [...]. Der jüdische Humanismus ist in der Optik des griechischen Humanismus erstaunlich infolge einer Besorgung der menschlichen Bezüge: eine Besorgung, die so beständig und vorrangig ist, dass selbst da, wo Gott dem Namen nach gegenwärtig ist, es immer noch um den Menschen geht, es immer noch um das zu tun ist, was zwischen einem Menschen und einem anderen Menschen besteht, sofern nichts anderes sie einander annähert oder trennt als sie selbst.«[9]

Das Judentum, so lassen die luziden Bemerkungen Blanchots erkennen, bedeutet nicht nur generell Humanismus als Übersetzung des Eigennamens »Gott« in Bezüge zwischen Menschen. Das Judentum besagt einen speziellen Humanismus der *Sprachlichkeit* des Menschen. Die als »Gottheit« angesprochene Andersheit ist in jedem Akt des Sprechens einer Person zu einer anderen Person als die anders bleibende Andersheit der Personen anwesend. Es gilt hier jener viel zitierte Nietzsche-Satz, wonach wir Gott nicht loswerden, solange wir noch an die »Grammatik« glauben, in einem anderen Sinn[10]: Nicht etwa sichert die Sprache mit ihrer Referenz und dem Glauben, dass etwas als etwas existieren müsse, worauf sprachlich Bezug genommen wird, am Ende ein Existieren der Gottheit. Was vielmehr jetzt gilt, ist eine als Geschehen von Sprache aufgefasste Gottheit.

Was Blanchot und Lévinas zum Ausdruck bringen, ist: Auch wenn Sprache nicht als »Grammatik« – d.h. vor allem als prädikativer Satz – verstanden wird, werden wir nicht frei von »Gott«. Wir werden vielmehr erst frei »zu« Gott, behauptet Lévinas, wenn wir das traditionelle Doppelregister eines religiösen und eines philosophischen Gottes aufgeben. (Vgl. DVI, 96 f.) Erst wenn hinter alles seinsbestimmte Reden von Gott zurückgegangen wird, entfällt auch das Doppelregister, und »Gott« besitzt nur noch *einen* Sinn, nämlich den einer 3. Person in einem vorprädikativen Angesprochenwerden. (Vgl. AV, 157) Die Behauptung Nietzsches, dass durch Prädikation »Gott« gesetzt werde, hat Lévinas selbst sogar noch übersteigert: »Unsere um das Verb ›sein‹ herumgewebten Sprachen spiegeln nicht nur jenes unabsetzbare Königtum, das stärker ist als das der Götter, sie [die Sprachen] bilden sogar den Purpurmantel dieses Königstums.« (AQE, 4)

Doch damit greifen wir schon vor auf die Stellung der Sprachlichkeit bei Lévinas. Zunächst sei erläutert, was Lévinas selbst als spezifisch jüdischen Humanismus zur Geltung bringt.

Extremer Humanismus

Zum besseren Verständnis von Lévinas' jüdischem Humanismus empfiehlt sich eine Betrachtung des Essaybands *Humanisme de l'autre homme* von 1973. Lévinas geht dort von zwei Phänomenen aus, einerseits von philosophischen Fassungen des Humanismus, andererseits von philosophischen Zeugen des Anti-Humanismus. Sein Ziel ist, beides zu radikalisieren. Um zu verdeutlichen, was Lévinas hier unternimmt, sei kurz umrissen, was er als philosophisch artikulierten Humanismus bzw. Anti-Humanismus vorfindet.

1. Philosophischer Humanismus als Idealismus: Hier bezieht sich Lévinas auf Fichte, der einst von einem freien Ich ausging, das sich als »setzende« Aktivität selbst »setzt« und dann das Nicht-Ich bestimmt. Fichte ist für Lévinas der Exponent einer philosophischen Sackgasse: In dieser Philosophie müsse das, was das Ich nicht selber sei, aus dem Ich abgeleitet werden, »mit dem Risiko, im Wahnsinn unterzugehen« (HAH, 81). Es ist allerdings darauf hinzuweisen, dass Lévinas dem späten Fichte der *Bestimmung des Menschen* (1801) näher steht, als er es selbst darstellt, da er sich explizit nur auf die früheren Fichte-Schriften bezieht. Fichte schrieb immerhin: »Wir handeln nicht, weil wir erkennen, sondern wir erkennen, weil wir zu handeln bestimmt sind.«[11] In der philosophischen Sicherung eines Vorrangs des Ethischen vor der Ontologie könnte am Ende eine gemeinsame Absicht von Fichte und Lévinas liegen.

2. Der Humanismus als Existenzialismus: Einen solchen hatte Jean-Paul Sartre in seiner Schrift *L'existentialisme est un humanisme* (1946) vertreten. Der Mensch gewinnt für Sartre deshalb alles philosophische Gewicht, weil er »verantwortlich für alle Menschen« ist, weil gilt: »der Mensch ist Freiheit« oder »der Mensch ist dazu verurteilt, frei zu sein«[12].

3. Einen Anti-Humanismus greift Lévinas zunächst außerhalb philosophischer Konzepte auf: Die Humanwissenschaften verzichten auf den Menschen als frei handelndes Individuum und ersetzen ihn durch Funktions- oder Strukturbezüge. »Humanismus« wird etwas bloß Literarisches, Feuilletonistisches. Die Vordergründigkeit eines solchen Humanismus wird von Humanisten freilich nicht durchschaut: »Alle Achtung vor dem ›Mysterium des Menschen‹ wird von jetzt an als Irrweg und Unterdrückung entlarvt.« (HAH, 96)

Damit berührt Lévinas die posthumanistischen Aussagen von Michel Foucault bzw. Martin Heidegger. Foucaults Buch *Les mots et les choses. Une archéologie des sciences humaines* von 1966 endet mit der Zusammenfassung, dass »der Mensch« eine »Erfindung«, eine »Wirkung« der neueren wissenschaftlichen Weltdeutung darstelle. Entsprechend gelte: »Man kann wohl wetten, dass der Mensch sich auflöst wie am Rande des Meeres ein Gesicht aus Sand.«[13]

Heidegger hat 1946 in seinem *Brief über den »Humanismus«* alles, was sich bisher »Humanismus« nannte, als metaphysisch bezeichnet. Von der Metaphysik[14] aber gilt für Heidegger: Sie »verbaut« die »Frage nach der Wahrheit des Seins« und verharrt in der »Seinsvergessenheit«[15]. Aber Heidegger bleibt nicht bei einer Kritik des metaphysischen Humanismus stehen, sondern schlägt einen anderen Humanismus »seltsamer Art« vor: Der Mensch steht darin in der »Offenheit des Seins«[16]. Allerdings ist der neue, andere Humanismus »nicht mehr Philosophie, weil er ursprünglicher denkt als die Metaphysik«[17]. Lévinas stellt sich nun die Aufgabe, sowohl den bisherigen Humanismus als auch den philosophischen Anti-Humanismus zu radikalisieren. Der jüdische »extreme« Humanismus erscheint zunächst als paradoxes Überbietungsprogramm von Humanismus und Anti-Humanismus.

Es stellt sich die Frage, wie Lévinas' Humanismus/Anti-Humanismus zumindest widerspruchsfrei zu denken wäre. Wie schon aus den angeführten Heidegger-Stellen ersichtlich wird, verhalten sich Humanismus und Anti-Humanismus nicht notwendig als einander ausschließende Optionen. Es kann einen Humanismus geben, der dem Anti-Humanismus positiv entspricht. Anti-Humanismus ist nicht notwendig etwas Anti-Humanes, sondern höchstens eine Kritik daran, dass mit dem überlieferten »Humanismus« verfehlt wird, was »Mensch« besagt. In einem ersten Schritt soll nun bezeichnet werden, was Lévinas unternimmt, um auf dem Wege des Anti-Humanismus bzw. des Humanismus zu einem anderen Humanismus vorzustoßen. Ein zweiter Schritt gilt dann der Bezeichnung der Verfahren bei Lévinas.

Lévinas gesteht dem Anti-Humanismus zu: »Der moderne Anti-Humanismus hat vermutlich Recht, wenn er für den als Individuum einer Gattung oder einer ontologischen Region begriffenen Menschen – für ein Individuum, das wie alle anderen Substanzen im Sein beharrt – kein Privileg findet, das ihn zum Zweck der Wirklichkeit machen würde.« (HAH, 89 f.) Innerhalb des natürlichen Seinsgefüges hat der Mensch als ein Seiendes keine Auszeichnung. Der traditionelle Humanismus verkennt, dass die Conditio humana nicht eine zentrische Welt- und Sinnposition des Menschen ist, sondern eine »Fremdheit«. Der Mensch, so Lévinas, ist »ohne Ruhe in sich selbst«, lebt in einer »Fremdheit gegenüber jedem Ort« (HAH, 110). Lévinas zitiert in diesem Zusammenhang aus Maurice Blanchots Reaktion auf Foucaults *Les mots et les choses*. Blanchot hat geschrieben: »Was also ist ›Humanismus‹? [...] Es kann sein [...], dass ›Mensch vergeht‹. Er vergeht. Er ist sogar immer schon vergangen, in dem Maß, wie er seinem eigenen Verschwinden angepasst war. Aber im Verschwinden ruft er, auf der Straße, ruft in der Wüste, ruft sterbend. Er ruft nicht, er schreit nicht, es ist ein flüsterndes Schreien. Es gibt also am Humanismus nichts zu widerrufen, sofern er dort gefasst wird, wo er sich am wenigsten trügerisch vollzieht: niemals in den Zonen der Autorität, der Macht, des Gesetzes, der Ordnung, der Kultur und des heroischen Prunks.«[18]

Lévinas scheut sich nicht, diese Negationen Blanchots als »Nicht-Wesen« des Menschen, als möglicherweise »weniger als nichts« zusammenzufassen. Die Abtragung des Humanismus entdeckt eine grundsätzliche Ausgesetztheit des Menschen und damit die Erinnerung an Stellen des Alten Testaments: »Ihr seid bloß Fremde, denen ich Aufenthalt bei mir gewähre.« (Lev. 25, 23; HAH, 108) Lévinas zitiert auch den 119. Psalm: »Ich bin fremd auf der Erde.« Wenn es überhaupt einen anderen Humanismus gibt, dann einen solchen, der seinen Ausgang von der, wie man im Anschluss an Edmond Jabès sagen darf, »Bedingung Wüste« zu nehmen hat.

»Es gibt Spur nur in der Wüste, Stimme nur in der Wüste. Handeln ist der Übergang, das Umherirren«, schrieb Edmond Jabès »Avec Emmanuel Lévinas«.[19] Der Aufenthalt hebt, um an die zitierte Bemerkung Blanchots anzuknüpfen, das Exil nicht auf. Lévinas setzt also den modernen Anti-Humanismus als Anschluss an die Erfahrung der Wüste fort, die vom Alten Testament, aber ebenso von Jabès und dem modernen Welterleben aufbewahrt wird: »Sind wir Abendländer, von Kalifornien bis zum Ural, die wir von der Bibel mindestens ebenso genährt sind wie von den Vorsokratikern – sind wir nicht Fremde in der Welt [...]?« (HAH, 107)

Aber Lévinas lässt sich auch mit dem Humanismus ein. Es stellt eine der bisher unbeachteten Pointen von *Humanisme de l'autre homme* dar, dass Lévinas seinen andersartigen Humanismus in einer halb ausdrücklichen Auseinandersetzung mit dem existenzphilosophischen Humanismus Sartres zu konstituieren versucht. Und vielleicht lässt sich in dieser Hinsicht verdeutlichen, was Lévinas philosophisch beabsichtigt. In einer Fußnote am Ende des zweiten Abschnittes von *Humanisme de l'autre homme* heißt es: »Sartre hat von dem zur Freiheit *verurteilten* Subjekt gesprochen. Den Sinn dieser Verurteilung beschreiben die folgenden Seiten.« (HAH, 120) Lévinas zu verstehen heißt also auch, seine Philosophie als eine Bedingung der Möglichkeit der Existenzphilosophie zu deuten.

Der existenzphilosophische Sartre-Humanismus beruht auf folgenden Annahmen:

1. Jeder Mensch ist als Einzelwesen frei.

2. Die Freiheit vollzieht sich als Verantwortung; Verantwortung ist individualisierte Freiheit.

3. Verantwortung ersetzt den Begriff der Verpflichtung. Verpflichtung war bisher diejenige Entfremdung, mit der die Menschen ihre Freiheit durch Annahme objektiver Werte noch verdeckten.

4. Verantwortung findet nicht nur innerhalb einer vorhandenen Welt statt, sondern der Mensch »ist für die Welt und für sich selbst verantwortlich«. Aber: »Ich bin tatsächlich für alles verantwortlich, außer für meine Verantwortlichkeit selbst, denn ich bin nicht die Grundlage meines Seins. Alles geschieht daher, wie wenn ich gezwungen wäre, verantwortlich zu sein.«[20]

Lévinas hat nicht allein zu Sartre selbst ein positives persönliches Verhältnis gehabt (»eine sehr große Bewunderung«, »Anerkennung«[21]). Er ist auch bemüht, den Sartre-Humanismus weiterzudenken. Dabei bieten sich für Lévinas zwei Anknüpfungsstellen: Zum einen überschreitet Sartre alle bisherige Ethik und Moral, indem er an die Stelle ursprünglicher Verpflichtung, wie sie vor allem von Kant zugrunde gelegt worden war, die Verantwortung setzt. Zwar hat Sartre auch einmal davon gesprochen, dass »ich verpflichtet bin, zugleich mit meiner Freiheit die

Freiheit der Anderen zu wollen«[22], aber er hat es, wie er in einem seiner letzten Interviews unter positiver Anspielung auf Lévinas bedauerte, versäumt, der Verpflichtung einen Platz zuzuweisen.[23] Die Aufgabe, die sich Lévinas in dieser Hinsicht stellt, lautet: Wie ist es möglich, *Verantwortung wieder auf Verpflichtung* zu gründen, statt Verpflichtung als eine bloße Möglichkeit innerhalb der Verantwortung zu denken? Zum anderen geht Sartre davon aus, dass wir Menschen *faktisch* frei und verantwortlich sind. Dafür prägte er das schon erwähnte Bild, dass wir zur Freiheit »gezwungen« oder »verurteilt« sind. An dieser Stelle wird Lévinas ein zweites Mal hellhörig. Greift eine Philosophie nicht zu kurz, die mit der Verantwortung bzw. der individualisierten Freiheit als Faktum einsetzt und zugibt, dass hier ein »Zwang«, eine »Verurteilung« vorliegt? Diese Frage gilt, wie Lévinas weiß, auch Heidegger, auf dem Sartre fußt. Heidegger hat 1929 im *Wesen des Grundes* geschrieben: »Das Dasein [d.h. der Mensch] ist [...] als *freies* Seinkönnen unter das Seiende *geworfen.*«[24] Die Aufgabe, die sich Lévinas in dieser Hinsicht stellt, lautet: Gibt es eine *Bedingung der Möglichkeit* dafür, Verantwortung als Faktum zu denken, und worin besteht diese Möglichkeitsbedingung?

Die erste Frage beantwortet Lévinas so:

»Das Unsichtbare der Bibel ist die Idee des Guten jenseits des Seins. Zur Verantwortung verpflichtet sein, das hat keinen Anfang. [...] Dieser Begriff ist nicht rein negativ. Es ist die Verantwortung, die über die Freiheit hinausgeht, das heißt, die Verantwortung für die anderen. Sie ist Spur einer Vergangenheit, die sich der Gegenwart und der Vorstellung verweigert, Spur einer unvordenklichen Vergangenheit.

Gerade durch das Gute ist die Verpflichtung zur unaufhebbaren, unumkehrbaren, unwiderlegbaren, auf keine Wahl zurückgehenden Verantwortung keine Gewalt, Gewalt, die einer Wahl zuwiderlaufen würde, die Verpflichtung weist vielmehr einer ›Innerlichkeit‹, die früher als Freiheit und Nicht-Freiheit ist, eine Stelle außerhalb der axiologischen Bipolarität an; Gehorsam gegenüber einem einzigen Wert, einem Wert ohne Gegen-Wert, gegenüber einem Wert, dem man unmöglich entkommen kann, der jedoch, dem Subjekt ›verwandtschaftlich verbunden‹, weder gewählt noch nicht-gewählt ist, zu dem das Subjekt vielmehr erwählt wird, indem es die Spur der Erwählung bewahrt. Es ist ein Wert, der sich nie als Thema anbietet, der weder gegenwärtig ist noch vorgestellt wird und der älter ist als das Prinzip, weil er sich nicht thematisieren läßt und nicht anfängt. In einer unvordenklichen Vergangenheit ohne Gegenwart ist er durch die Ambiguität und Antiquität der Spur [dennoch] nicht-abwesend. Es ist ein Wert, der nur durch Mißbrauch der Sprache benannt wird. Ein Wert, der Gott genannt wird.« (HAH, 86)[25]

Der Text müsste dunkel bleiben, würde der Kontext fehlen: Verantwortung soll auf Verpflichtung gegründet werden. Geben wir grob an, wie Lévinas hier argumentiert:

a) Es gibt eine ursprüngliche Verpflichtung zur Verantwortung.

b) Die Ursprünglichkeit besagt Gehorsam (obédience) außerhalb freier Wahl und Wahlmöglichkeiten des Menschen.

c) Indem die Verpflichtung der Freiheit eines Menschen vorausgeht, ist sie Öffnung für die Andersartigkeit der anderen Menschen, noch bevor ich mich als freies Subjekt selbst auslegen kann.

d) Die Instanz, der gegenüber Verpflichtung besteht und Gehorsam geleistet wird, ist nicht mit Kategorien ansprechbar, die aus dem Arsenal der Lehre vom Sein stammen. Sofern Sprache immer noch als Wiedergabe einer vorhandenen, seienden Wirklichkeit verstanden wird (d.h. als Re-präsentation), solange muss die Bezeichnung der verpflichtenden Instanz missverständlich bleiben: Sie wird »Gott« genannt (se nomme Dieu).

Wohlgemerkt, Lévinas betreibt keine naive Theologisierung der ursprünglich verpflichtenden Instanz. Zu diesem Zweck hätte zu schreiben gereicht: Die Instanz »heißt Gott« (s'appelle Dieu). Stattdessen schreibt Lévinas »se nomme Dieu«, d.h., es besteht nur ein Name. Namen werden auch in der modernen sprachanalytischen Philosophie im Unterschied zur Tradition nicht mehr als Bezeichnungen vorhandener Einzelexistenzen verstanden.

Der Text beginnt mit einer Deutung der »Bibel«: Das Alte Testament enthält eine Semantik des Unmittelbaren als »Idee des Guten« jenseits ontologischer Vorstellbarkeit. Der Text endet mit der Nennung »Gott«. Die Gründung von Verantwortung auf Verpflichtung scheint nur möglich durch eine prinzipielle Überschreitung der Grenzen, die Sartre für die Philosophie abstecken wollte: Bewusstsein und Sein.

Die zweite Aufgabe, die sich Lévinas gegenüber dem existenzphilosophischen Humanismus stellt – die Bedingung der Möglichkeit einer Verurteilung zur Verantwortung –, beantwortet er so:

»Erwählung durch das Gute, die genau nicht *Handlung* ist, sondern die Nicht-Gewalt selbst. Erwählung heißt: Einsetzung des Nicht-Austauschbaren. Daher Passivität, die passiver ist als jede Passivität: Passivität nach Art der Kindschaft; aber vor-gängige, vor-logische Unterwerfung, Unterwerfung in einer einzigen Richtung, die man zu Unrecht von einem Dialog aus verstehen würde. Die Passivität, nicht umwandelbar in Gegenwart, ist nicht einfache *Wirkung* eines Guten, das dann in den Status der Ursache dieser Wirkung versetzt wäre: in dieser Passivität *ist* das Gute, es, das, eigentlich gesprochen, nicht zu sein hat und nicht *ist*, außer durch Güte. Die Passivität ist das Sein des *Jenseits* des Seins, das Sein des Guten, das die Sprache zu Recht – indem sie wie immer Verrat übt – durch die Wörter ›Nicht-Sein‹ umschreibt; die Passivität ist der Ort – oder genauer: der Nicht-Ort – des Guten, seine Ausnahme von der Regel des Seins, das immer im Logos enthüllt wird; seine Ausnahme von der Gegenwart.« (HAH, 86)[26]

Auch diese Bemerkung ist wiederum ein Dokument der Überschreitung der Kategorien für Sein bzw. für Bewusstsein und Dokument der Überschreitung derjenigen Sprache, die beiden verhaftet ist. Lévinas' Antwort auf die Frage nach Bedingungen der Möglichkeit für das Faktum menschlicher Verantwortlichkeit kreist um zwei Angaben: um eine »Passivität« und um »Ausnahmen von der Gegenwart«. Im Humanismus Sartres war der Mensch stets durch die Aktivität eines Hinausgreifens in seine Zukunft bestimmt. Will Lévinas den Menschen stattdessen zu einer passiven Inaktivität bestimmen, zu einer Unfähigkeit, eine eigene Gegenwart zu finden? Diese Frage stellt sich auf dem Boden der traditionellen Philosophie, des existenzphilosophischen Humanismus und auch noch auf dem Boden einer Theorie von der kommunikativen Rationalität.

Für Lévinas ist menschliche Aktivität anders zu deuten: Sie ist nicht ego-, sondern – wenn dieses Wort erlaubt ist – altruzentrisch. Der andere Mensch ist Ursprung meiner Aktivität, nicht aber bildet meine Spontaneität das Primäre. Anders formuliert: Die Begründung menschlicher Aktivität geschieht nicht mehr – wie in der gesamten okzidentalen Philosophie – *durch* Aktivität. Aktivität wird nicht mehr selbst durch Aktivität begründet, nicht mehr in einer ursprünglichen »Präsenz« des Denkens oder Wollens eines Ego erblickt, sondern außerhalb von Präsenz, außerhalb von Aktivität und außerhalb auch einer Passivität, die bloß korrelativ zu Aktivität, als deren Abwesenheit und als »Rezeptivität«, verstanden wurde. (Vgl. DVI, 106)

Welche Verfahren wendet Lévinas bei seiner Radikalisierung von Anti-Humanismus und Humanismus an? Lévinas, so kann zusammengefasst werden, radikalisiert den modernen Anti-Humanismus dadurch, dass er dem Menschen zuspricht, was der Humanismus gern verdrängt: eine Fremdheit auf dieser Erde, ein Dasein in der Wüste (E. Jabès), einen Aufenthalt, der niemals das Exil aufhebt (M. Blanchot). Lévinas radikalisiert aber auch den engagierten Humanismus Sartres: Während Sartre bei dem Faktum eines Verurteiltseins zur Verantwortung stehen bleibt, überschreitet Lévinas diesen Humanismus in Richtung auf eine Verpflichtung zur Verantwortung und auf eine Fundierung menschlicher Aktivität in einer nicht mehr als Rezeptivität gedachten Passivität. Beide Radikalisierungen haben dasselbe Resultat: Der Mensch erscheint nicht mehr als ein Ego, das die Welt primär auf sich zentriert.

Lévinas' Verfahren bei dieser Radikalisierung ist unschwer zu erkennen: Texte des Alten Testaments werden im Licht eines »extremen Humanismus« wahrgenommen (Ausgesetztsein des Menschen), wobei der extreme Humanismus wiederum im Horizont der Aussagen des Alten Testaments steht. Dieses Verfahren bedient sich also zwangsläufig einer zirkulären Hermeneutik.[27] Diese zirkuläre Hermeneutik ist zu einem Teil auch in der Radikalisierung des Sartre-Humanismus am Werk: Berufung auf den Gott der »Bibel« zur Sicherung der präexistenzphilosophischen Bezüge einerseits – Berufung auf präexistenzphilosophische Bezüge zur Sicherung des Gottes der Bibel andererseits.

Fügen wir hinzu, dass Lévinas' Rückgang hinter den existenzphilosophischen Humanismus Sartres noch weitaus mehr jüdische Tradition zur Geltung bringt als nur die Andeutung eines Gottes der Bibel. Cathérine Chalier hat darauf hingewiesen, dass bereits das hebräische Wort für Verantwortung (achariout) den Anderen (acher) einschließt.[28] Lévinas denkt also in Beziehung zu einer andersartigen Semantik von »Verantwortung« (responsabilité) als im Sinne des Deutschen oder Lateinischen (Französischen). Die primäre Hinwendung zum anderen Menschen, die Verpflichtung, für sie zu sein, wird von Lévinas an den jüdischen Messianismus rückgebunden. In *Difficile liberté* heißt es: »[...] der Messias ist der Gerechte, der Leid erfährt; derjenige, der die Leiden der Anderen auf sich genommen hat [...]. Die Tatsache, dass man sich nicht der Aufgabe entzieht, die das Leiden den Anderen stellt, definiert die Selbstheit (ipséité) selbst. Alle Personen sind Messias. [...] jeder soll handeln, als ob er der Messias wäre.« (DL, 120) Die bezeichnete innerweltliche Semantik des jüdischen Messianismus wird von Lévinas zur Formulierung eines moralischen Imperativs genutzt: Jeder soll handeln, als wäre er »der« Messias. Die Menschheit soll aus einer Pluralität von Messias-Personen bestehen, deren Verantwortung für Andere immer schon auf Verpflichtung gegründet ist.

In Lévinas' Radikalisierung des Sartre-Humanismus kommt ein weiteres Verfahren zur Geltung: Es kann als Methodik der *Umdeutung und Ergänzung* vorhandener Philosophie bezeichnet werden. Dort, wo der Sartre-Humanismus bei der unerklärlichen Verurteilung zur Verantwortung ohne Verpflichtung stehen bleibt, nimmt Lévinas die Ergänzung einer ursprünglichen Verpflichtung zur Verantwortung vor. Aber diese Ergänzung kann sich zugleich nur als Umdeutung vollziehen, d.h. als Fundierung von Aktivität durch eine nicht rezeptive Passivität. Es wird sich zeigen, dass die Methodik der Umdeutung und Ergänzung für Lévinas' Philosophieren konstitutiv ist.

Distanz zu Buber, Nähe zu Rosenzweig

Es war zu verdeutlichen, dass Lévinas das Judentum als philosophische Erfüllung von »extremem Humanismus« wahrnimmt. Zu ergänzen ist die Bestimmung des jüdischen Charakters von Lévinas' Philosophie nun noch durch Bezüge und Abgrenzungen zu zwei jüdischen Denkern der Moderne: Martin Buber und Franz Rosenzweig.

Lévinas' Humanismus darf nicht mit der von Martin Buber

(oder von Gabriel Marcel) vertretenen Ich-Du-Philosophie verwechselt werden. Bereits in seiner frühen Schrift *Le temps et l'autre* (1948) wandte sich Lévinas mit einem Doppelargument gegen die Reziprozitätsannahme der Ich-Du-Philosophie. Einerseits behauptet die Ich-Du-Philosophie zu viel: Indem man von einer Zweiheit ausgeht, wird die Isolation des Ich, wird das Ausmaß der Trennung unterschätzt, die zwischen Subjekten besteht, die als autonome Personen vorgestellt werden. Andererseits besagt die Ich-Du-Beziehung jedoch zu wenig: Die Beziehung zwischen Ich und Du bleibt eine äußerliche Relation von für sich frei seienden und frei bleibenden Menschen. Die Beziehung zum anderen Menschen ist nicht selbst zur Basis geworden und vermag dies bei Buber auch gar nicht, weil Buber noch im Horizont der Ontologie philosophiert. (Vgl. TA, 36 ff., 44, 89; vgl. auch TI, 40 f.; NP, 23-49; HS, 13-71)

Lévinas sucht über die bereits gezeigten Anklänge an Maimonides hinaus in besonderem Maße Anschluss an den deutsch-jüdischen Denker Franz Rosenzweig (1884-1929), den Autor des Buches *Der Stern der Erlösung* (1921). Rosenzweig hat sich, so Lévinas, dem totalisierenden Denken der philosophischen Tradition widersetzt und sei in *Totalität und Unendlichkeit* »nur allzu oft präsent« (TI, XVI).[29] Was Lévinas mit Rosenzweig verbindet, ist ein Anti-Hegelianismus der Durchbrechung totalisierenden Denkens, eine Ablehnung aller gängigen Begriffe von »Religion«. Was beide trennt, sind historisch die Folgen des nationalsozialistischen Antisemitismus, die Rosenzweig erspart blieben, und philosophisch die husserlsche Phänomenologie, auf die Rosenzweig noch nicht zurückgriff bzw. zurückgreifen konnte. (Vgl. zum Letzteren HN, 181)

Besonders hervorzuheben ist die Eliminierung des Wortes »Religion«, die Lévinas mit Rosenzweig teilt. Dieses Wort kommt, wie Lévinas betont (HS, 80; vgl. DL, 243), im *Stern der Erlösung* nicht vor. Laut Rosenzweig sind Judentum und Christentum ursprünglich gänzlich irreligiös gewesen. (Vgl. DL, 243) Gott hat, so sagt Rosenzweig, die Welt, aber nicht die Religionen geschaffen. (Vgl. HS, 80) Wie schon zuvor an Lévinas' Judentum-Artikel gezeigt, wendet sich Lévinas ebenfalls gegen eine ausschließlich historisch-objektivierende Wahrnehmung des Judentums. Die historische Forschung, so darf in seinem Sinne bemerkt werden, macht etwas erst zu einer »Religion«. Mit Rosenzweig widerspricht Lévinas einer Vorstellung von »Religion«, wie sie sich bei deren Gegnern bilde: »Niemand lehnt mehr als Rosenzweig einen salbungsvollen, mystischen, frommen, homiletischen, klerikalen Begriff der Religion und des religiösen Menschen ab.« (DL, 243)

Lévinas legt eine Umarbeitung der Metaphysikaneignung des Judentums vor, die den Rahmen aller bisherigen jüdischen Philosophie sprengt. Als Stichwort sei ein fundamentaler Asymmetrismus zwischen Ich und dem anderen Menschen genannt. Der Andere ist nicht ein anderes Ich, ist mit mir nicht gleichartig. Zugleich bemüht sich Lévinas, die mythologischen Teile der jüdischen Religion im Lichte seines Asymmetrismus auszulegen. Fundamentalphilosophie und religiöse Mythologie bilden bei ihm somit kaum einen Gegensatz. Anders verhält es sich mit seinem Umgang mit dem kulturellen Wandel. Die Palästinenser bilden in seiner Sicht einen aktuellen wie potenziellen Feind. Er wählt einmal die Formulierung »schmerzhafte Notwendigkeiten der Besatzung« und spricht – und zwar sogar vor dem Hintergrund des Massakers von Sabra und Chatila – von einem Nachbarn, der ungerecht ist, als von einem »Feind«.[30]

Für das Verhältnis zu dem Philosophen Spinoza gilt: Der im 17. Jahrhundert wegen seiner Kritik an der Bibel als Offenbarungsquelle mit dem Bannfluch der jüdischen Gemeinde belegte Philosoph Baruch de Spinoza soll nach Lévinas' Überzeugung mit diesem extremen Fluch weiterhin belastet bleiben: »Spinoza übte einen entscheidenden und antijüdischen Einfluss aus (Spinoza exerça une influence décisive et antijuive).« Er habe »Verrat (trahison)« begangen und »die Wahrheit des Judentums der Offenbarung des Neuen Testaments untergeordnet (il a subordonné la vérité du judaïsme à la révélation du Nouveau Testament)«. Er biete einen »Skandal der Abtrünnigkeit (scandale de l'apostasie)«.[31] Diese letztere Haltung ist umso befremdlicher, als Spinoza von jüdischen Denkern wie Leo Baeck oder gegenwärtig dem Jerusalemer Philosophen Y. Yovel mit voller Selbstverständlichkeit als Philosoph akzeptiert und als mit dem Judentum weitgehend kompatibler Theoretiker der Einheit Gottes rezipiert wird. Von Y. Yovel erfuhr ich jedoch, dass Lévinas im Hinblick auf Spinoza hinzugelernt habe.[32]

Wenn wir Lévinas nochmals mit Martin Buber vergleichen, so lässt sich formelhaft sagen: Bei Buber sind alle drei Elemente – Mythologie, Metaphysik und die Reaktion auf kulturellen Wandel – etwa gleich stark ausgeprägt, laufen parallel und stellen Innovationen dar. Lévinas dagegen zeigt Spuren einer Verweigerung des kulturellen Wandels und erweist sich gleichzeitig als der bisher innovativste Philosoph des Judentums unter Einschluss neuer Deutungen der religiösen Mythologie. Buber bietet das Bild weitgehender Ausgeglichenheit, Lévinas das Bild eines Kontrastes zwischen philosophischer Weite und der Befangenheit in traditionellen Wertungen. Es käme meiner Ansicht nach darauf an, Lévinas hier gegen Lévinas zu verteidigen, damit das Befriedungspotenzial, das seine Ethik birgt, nicht durch kurzschlüssige Wertungen verspielt wird.

3. Philosophie: Ursprünglichkeit der Ethik

Messianismus statt Sokratismus

Lévinas' Philosophie durchlief mehrere Stadien der Entwicklung. Gleichwohl stand als ihr Thema fest, eine philosophisch fundierte Alternative zur bisherigen okzidentalen Philosophie zu bieten. Unterscheidet man mit S. Strasser drei Phasen der Entwicklung bei Lévinas, nämlich 1. eine Kritik der Ontologie, 2. Metaphysik statt Fundamentalontologie und 3. Ethik als Erste Philosophie[33], so bleibt diesen Phasen letztlich das Thema gemeinsam. Wir haben es als »extremen Humanismus« bestimmt.

In dem Schlussessay *Signature* (Unterschrift) von *Difficile liberté* hat Lévinas seinen Werdegang selbst zusammengestellt. Er bezeichnet seine Biografie dort als »beherrscht von der Vorahnung und der Erinnerung des Nazi-Schreckens«, der ihn und seine Frau, nicht aber seine Familie verschonte. Lévinas hat in deutscher Kriegsgefangenschaft den Schwur abgelegt, nie wieder nach Deutschland zurückzukehren. Dass man dies – so Lévinas gesprächsweise – in Deutschland *verstehe*, freue ihn mehr als alle Ehrungen, mit denen man ihn dort auszeichne. Unvergesslich bleibt der Humor, mit dem Lévinas von einem Hund schreibt, der die Kriegsgefangenen am Morgen und am Abend mit heiterem Bellen hüpfend begrüßte, ein zweiter Hund des Odysseus, der einst diesen zuerst wiedererkannte, »letzter Kantianer des Nazideutschlands«, dessen Hirn nicht zur Universalisierung seiner Maximen eingerichtet war und der deshalb für die Gefangenen im Niemandsland der Gewalt das Nicht-mehr-Wahrscheinliche wurde: ein Freund, der ein Zeichen gab. (Vgl. DL, 202)

Alles, was Lévinas zumindest seit seinem ersten Hauptwerk (*Totalité et infini*, 1961) äußert, lässt sich als Versuch der Beschreibung und Begründung von »extremem Humanismus« deuten. Was wechselt, sind die Begriffe und Bezeichnungen für die Alternative zwischen griechisch-okzidentalem Humanismus (einschließlich Heidegger und Sartre) und der jüdischen Tradition von »Humanismus«. Eine Formel des Gegensatzes mag herausgegriffen werden, weil sie vermutlich problemlos zu verstehen ist: der Gegensatz von Sokratismus und Messianismus.

Die sokratische Tradition – unabhängig von der offenen Frage, ob »Sokrates« wirklich als Philosoph existierte wie Platon oder Kant – ist stolz auf eine Entdeckung, nämlich auf die Entdeckung des menschlichen Selbst. Sie wurde von Hegel gar als ein erster bestimmender Wendepunkt der Weltgeschichte rekonstruiert, d.h. als ein Fortschritt im Bewusstsein der Freiheit.[34] Demgegenüber bemerkt Lévinas in seinem ersten Hauptwerk:

»Die okzidentale Philosophie ist [...] eine Reduktion des Anderen auf Dasselbe gewesen, und zwar mithilfe eines mittleren und neutralen Terminus, der die Erkenntnis des Seins sichert.

Dieser Primat desselben war die Lehre von Sokrates. Nichts vom Anderen empfangen als das, was in mir ist [...]. Erkennen läuft darauf hinaus, [...] das Sein [...] seiner Andersheit zu entkleiden. [...] Hinsichtlich der Dinge geschieht ihre Übergabe durch ihre begriffliche Formulierung. Hinsichtlich des Menschen ist sie [die Übergabe] erreichbar durch den Terror, der den freien Menschen unter die Herrschaft eines Anderen führt. Hinsichtlich der Dinge besteht das Werk der Ontologie darin, das Individuum (das allein existiert) nicht nur in seiner Einzelheit zu ergreifen, sondern in seiner Allgemeinheit, von der allein es Wissenschaft gibt.

Die Beziehung zum Anderen erfüllt sich darin allein durch einen dritten Terminus, den ich in mir finde. Das Ideal der sokratischen Weisheit beruht folglich auf der wesentlichen Genügsamkeit Desselben, auf seiner Identifizierung als Selbstheit, auf seinem Egoismus. Die Philosophie ist eine Lehre von der Ichheit (égologie).« (TI, 14)

Lévinas spricht hier eine Reihe wesentlicher Züge der griechisch-okzidentalen Philosophie an, die in seiner Sicht nicht nur eine Verdrängung des extremen jüdischen Humanismus auf eine bloß theoretische Ebene bewirkte, sondern die am Ende die Grundlage für das konkrete Elend der europäischen Welt unserer Tage bildet: die Grundlage einer ursprünglichen Gewalttätigkeit (violence) des Menschen gegen den Menschen. Das Werk *Totalité et infini* beginnt mit einer Konstatierung des Kriegszustands im historisch-politischen und im philosophischen Sinn. (Vgl. TI, IX)[35] In einem ausführlichen, 1987 publizierten Gespräch mit François Poirié geht Lévinas so weit, einen Wirkungszusammenhang zwischen dem deutschen Idealismus, Nietzsche und Auschwitz herzustellen: »Und noch heute sage ich mir, dass Auschwitz von der Zivilisation des transzendentalen Idealismus begangen wurde. Und sogar Hitler selbst wird man bei Nietzsche wiederfinden.«[36] Das mit Sokrates beginnende Denken ist allerdings nicht in dem Sinn gewaltsam, dass es eine moralische Norm der Gewalttätigkeit aufstellte. In normativer Hinsicht bietet der Platon-Sokrates eher das Umgekehrte: Es sei besser, Unrecht zu leiden, als Unrecht zu tun.[37]

Die Gewalttätigkeit des Sokratismus liegt laut Lévinas in der Entscheidung für eine theoretisch-erkenntnisförmige Welterschließung. Erkennen heißt vermitteln, Zwischenschieben eines »dritten Terms« zwischen »Ich« und dem, was dem Ich begegnet. Dadurch zeigt sich das, was dem Ich begegnet, nicht mehr als Andersheit. Das Andere und der Andere (Dinge und Menschen) entsprechen der zugleich mit dem erkennenden Zugriff auf die Welt konstruierten Selbstgenügsamkeit dessen, was selbig, was autonomisch, was ichförmig ist.

Der Messianismus wurde schon bezeichnet. Auf historisch-politischer Ebene soll er statt Krieg und Unterwerfung Frieden und Pluralität erbringen und auf theoretischer Ebene eine Erfüllung von »Subjektivität« jenseits des sokratisch inspirierten Entsprechungsverhältnisses von Denken und Sein. Eine theoretisch-programmatische Äußerung von *Totalité et infini* lautet: »Die Subjektivität verwirklicht diese unmöglichen Forderungen, nämlich das erstaunliche Faktum, mehr zu enthalten, als zu enthalten möglich ist. Dieses Buch wird die Subjektivität als eine den anderen Menschen aufnehmende darstellen, d.h. als Gastlichkeit. In ihr vollzieht sich die Idee des Unendlichen. Die Intentionalität, bei der das Denken *Angleichung* an das Objekt bleibt, definiert folglich nicht das Bewusstsein auf seiner ursprünglichsten Ebene. Alles Wissen, sofern es Intentionalität ist, setzt schon die Vorstellung des Unendlichen voraus, die *Nichtangleichung* par excellence.« (TI, XV)

Lévinas' Schriften bieten den Vorzug, eigentlich auf jeder Seite seine Absichten und Lösungen anzugeben. Zugleich entfaltet sich sein Denken, nur vergleichbar mit der Diktion monotheistischer Texte (Koran oder Altes Testament), als eine gewisse Variation des Grundthemas. Wie die Reaktionen speziell von Derrida auf Lévinas zeigen, lässt sich von diesem Philosophieren etwas Ähnliches sagen wie das, was Goethe einst über den Koran schrieb: »[...] grenzenlose Tautologien und Wiederholungen bilden den Körper dieses heiligen Buches, das uns, sooft wir auch daran gehen, immer von neuem anwidert, dann aber anzieht, in Erstaunen setzt und am Ende Verehrung abnötigt.«[38]

Die zitierte Äußerung fasst wiederum zusammen, was »extremer Humanismus« programmatisch meint: Subjektivität enthält mehr, als zu enthalten möglich ist. Ginge es nach der sokratischen Tradition, so verbliche vor dem freien, sich als autonom erfassenden Ich oder Selbst die Andersheit der Welt und der anderen Menschen. Subjektivität weist hier nicht auf anderes, sondern nur auf sich: Ich = Ich. Anderes kann in dem, was selbig ist, nicht auftreten. Hegel, der dem Anderen gerecht werden wollte, überschritt »Identität« zur »Differenz« nur im Namen einer beide umfassenden »Identität der Identität und Differenz«[39]. Mit dieser Sichtweise darf die lévinassche nicht verwechselt werden: Die Aufnahme des anderen Menschen durch die »Subjektivität« ist weder eine Handlung, die das Subjekt tun oder auch unterlassen kann, noch geschieht sie als eine moralische Handlung innerhalb bereits als Identitäten vorausgesetzter Institutionen (Gesellschaft, Gruppen). Wie bereits am Beispiel der über den Sartre-Humanismus hinausgehenden Subjektermöglichung durch »Passivität« und Verpflichtung zur Verantwortung beschrieben, beansprucht Lévinas eine Ermöglichung von Subjektivität durch deren immer schon geschehene Öffnung zum Anderen.

Unter unverkennbar kritischer Anspielung auf Michel Foucaults späte Ethik der »Selbstsorge« (souci de soi) schrieb Lévinas 1989, dass die ursprüngliche Verpflichtung auch »Infragestellung der natürlichen ›Selbstsorge‹ (›souci de soi‹) sei, die den Menschen natürlich ist, sofern sie existieren, die ihnen als zum *Sein* gehörige wesentlich ist« (ES, 362). Auch Foucaults »Ethik« gehört somit noch – im Übrigen auch nach Foucaults Selbstverständnis – zum Sokratismus und zur ontologischen Deutung des Menschen, die das Ich nicht als auf ursprünglicher Passivität Beruhendes zu denken erlaubt.

Intentionalität und die absolute Andersartigkeit des anderen Menschen

Die zitierte programmatische Äußerung aus *Totalité et infini* berührt einen philosophischen Begriff, mit dem und gegen den Lévinas von Anfang an philosophiert hat: Intentionalität. Der angeführte Passus beschreibt Intentionalität als Angleichung, als »Adäquation« des Denkens an das, was gedacht wird. Damit wird bezeichnet, was die moderne Philosophie über die im 19. Jahrhundert geborene »Erkenntnistheorie« und über die Psychologisierungen der Erkenntnis hinaus geleistet hat, nämlich die begriffliche Auslegung einer Korrelation von Gegenstand und bewusstseinsmäßiger Gegebenheitsweise der Gegenstände. Diese Leistung ist vor allem Edmund Husserl zu verdanken, bei dem Lévinas 1928/29 studierte und dessen für die Entwicklung der französischen Existenzphilosophie grundlegendes Werk *Cartesianische Meditationen* er zusammen mit Gabrielle Pfeiffer 1931 ins Französische übersetzte.

Intentionalität bedeutet im allgemeinsten Verständnis, dass psychische Vorgänge auf Sachverhalte gerichtet sind. Besteht Wahrnehmung, so ist sie auf Wahrgenommenes gerichtet. Besteht Denken, so ist es auf Gedachtes gerichtet. Besteht Begierde, so ist sie auf Begehrtes gerichtet. Jede seelische Aktivität besitzt ein Gegenüber. Bewusstsein ist immer Bewusstsein von etwas. Das klingt für philosophische Laien trivial. Der Schein trügt jedoch: Die neuzeitliche Philosophie hat vielmehr nahe gelegt, ein frei schwebendes Subjekt zu denken, dem dann eine »Außenwelt« gegenübersteht, deren Existenzbeweis noch zu führen wäre. Husserl legt Intentionalität in zwei Aspekte auseinander, in Bewusstseinsaktivitäten des Denkens, Wahrnehmens, Urteilens (Noesis), die in Gestalt von Festhalten, Erfassen, Erblicken usw. auf Inhalte (Noema, Noemata) gerichtet sind. Wichtig ist dabei, dass die Noemata, die Bewusstseinsinhalte, nicht etwas bloß Innerpsychisches darstellen. Vielmehr beansprucht Husserl, dass das Noema der reale Gegenstand ist, wobei nur die alltäglich vollzogene Existenzsetzung (z.B. »existierender Tisch« zu einer bestimmten Wahrnehmung) nicht mitvollzogen wird.

Wie verhält sich Lévinas zu der so charakterisierten Intentionalität? Die programmatische Äußerung besagte: Intentionalität wird als »Adäquation«, d.h. als »Angleichung«, »Übereinstimmungsherstellung« vorgestellt. Das trifft durchaus die von Husserl bestimmte Intentionalität. Was Lévinas programmatisch beansprucht, ist nunmehr die Möglichkeit und Notwendigkeit, über die Bewusstsein-Gegenstand-Übereinstimmung so hinauszugehen, dass eine »Nichtübereinstimmung« gedacht wird, die die Intentionalität der Adäquation erst ermöglicht. Das Verfahren ist dabei wieder das bezeichnete der Umdeutung und Ergänzung vorhandener Philosophie. Erst gegen Ende von *Totalité et infini* kommt Lévinas auf diesen Anspruch ausdrücklich zurück:

»Eine der grundlegenden Thesen, die in diesem Werk aufgestellt werden, besteht darin, dass der Intentionalität die Noesis-Noema-Struktur als ursprünglicher Zusammenhang verweigert wird [...].

Das Außerhalb des Seins bedeutet allerdings nicht, dass die Vielheit bezuglos ist. Jedoch schüttet der Bezug, der die Vielheit zusammenhält, nicht den Abgrund der Trennung zu, sondern bestätigt ihn. In diesem Bezug haben wir die Sprache wiedererkannt, die nur im Angesicht-zu-Angesicht geschieht; und in der Sprache erkannten wir die Belehrung wieder. Die Belehrung ist eine Weise für die Wahrheit, so zu geschehen, dass sie nicht mein Werk ist, dass ich sie nicht aus meiner Innerlichkeit unterhalten kann. Indem man ein solches Geschehen der Wahrheit behauptet, verändert man den ursprünglichen Sinn der Wahrheit und die Struktur Noesis-Noema ebenso wie den Sinn der Intentionalität.« (TI, 271)

Dieser Text ist intuitiv verständlich. Er enthält folgende Argumentation:

1. Intentionalität besagt Korrelation von Sachen, Gegenständen zu den Weisen ihres Gegebenwerdens im Bewusstsein von Subjekten. Eine Farbe als Noema ist beispielsweise Farbe nur als etwas Gesehenes, und Sehen schließt Farbsehen ein (Noesis). Im Inneren des Bewusstseins ist gegeben, wovon Bewusstsein Bewusstsein ist.

2. Wird Intentionalität jedoch allen Phänomenen gerecht? Die Phänomenologie Husserls bejaht dies, sodass die Noesis-Noema-Beziehung der »ursprüngliche Zusammenhang« ist.

3. Es ist zu bestreiten, dass die Noesis-Noema-Korrelation allen Phänomenen gerecht wird. Denn der *andere Mensch* ist

a) der vollständig Andere;

b) er begegnet als Gesicht;

c) in der Begegnung geschieht die Sprache;

d) in der Sprache geschehen Belehrung und Wahrheit.

4. Die Angaben a) bis d) schließen aus, dass ein Subjekt in sich, in seinen Bewusstseinsleistungen so zur Welt geöffnet ist, dass in ihr bereits alles, was überhaupt ist, gegeben ist.

Man kann, um für die Bestreitung der Intentionalität als Letztzusammenhang eine passende Bezeichnung zu verwenden, bei Lévinas von einer antimonadischen Subjektivität sprechen. Für Lévinas läuft der Sokratismus auf eine »monadische« Subjektivität hinaus. Unter einer »monadischen« Subjektivität ist in einem starken Sinn ein Individuum zu verstehen, das als vollständiger Begriff wirklich existiert, d.h. als Konjunktion aller einem Individuum zukommenden Prädikate. Ein so vorgestelltes Individuum besitzt nur innerlich Welt. Es hat, wie einst Leibniz schrieb, »überhaupt keine Fenster, durch welches etwas in sie [die Monade] eintreten oder herausgehen könnte«[40]. Jede Monade ist Spiegel des gesamten Universums und sie wurde von ihrem

Schöpfer vorab in Harmonie zu allen anderen Monaden gesetzt. Husserl hat die Rede von monadischer Subjektivität im Rückgriff auf Leibniz in seinen *Cartesianischen Meditationen* wieder aufgegriffen: »Das monadisch konkrete Ego«, so schreibt Husserl in § 33 dieser Schrift, umfasst »das gesamte wirkliche und potenzielle Bewusstseinsleben«. Sofern Husserl damit jedoch auf den Charakter eines »An-sich-Bestehens« der Monaden verzichtet (vgl. § 64), bietet er eine schwächere Version monadischer Subjektivität als jene fensterlosen Leibniz-Wesen, die alle nur innerlich Welt haben.

Für Lévinas gilt, dass monadische Subjektivität eine Folge des Sokratismus darstellt, die die Welt mit zunehmender Gewalt bedroht. (Vgl. HAH, 100) Was philosophisch dabei gezeigt werden muss, ist die Möglichkeit, der Intentionalität nicht etwa nur empirisch, sondern grundsätzlich zu entkommen. Wie also denkt Lévinas die Bestimmungen der Andersheit des Anderen, der Begegnung als Gesicht, der Sprache, der Wahrheit als Belehrung? Inwiefern wird aus seinem Verständnis dieser Themen die Intentionalität als Basis monadischer Subjektivität überschritten, sodass, wie er behauptet, die Nichtangleichung, die Nichtadäquation Basis der intentionalen Entsprechung wird?

In der bezeichneten Auflistung (3a-d) steht am Anfang die Behauptung: Der andere Mensch ist der vollständig Andere.[41] Ohne Verständnis dieses Satzes wird das Anliegen von Lévinas nicht philosophisch begreifbar. Was besagt er?

Wir sind es gewöhnt, uns im mehr oder minder deutlichen Kontext der griechisch-okzidentalen Begriffstradition diese Frage so zu beantworten, dass dort, wo ein anderer Mensch ist, »ich« nicht bin, nicht sein kann und kein Recht habe zu sein. Es ist, mit anderen Worten, für uns empirisch, logisch und rechtlich unmöglich, anderen Menschen nicht das zuzusprechen, was wir uns jeweils selbst zusprechen. Dabei wissen wir und gestehen wir zu, dass dieses dreifache Akzeptieren des anderen Menschen nicht stets nach allen drei Aspekten gleichmäßig ausgeprägt war: Dass auf einer Insel Menschen wohnen, mussten z.B. auch – wie Thukydides berichtet – jene Athener akzeptieren, die diese Bewohner nach deren Weigerung, sich Athen anzuschließen, töteten oder versklavten. Dasselbe gilt von allen Sklavenhaltern und Gewaltherrschaften. Das empirische Akzeptieren bestand darin, andere als anwesend zu nehmen, ohne damit auf ihre Gleichwertigkeit zu »mir« oder »uns« zu schließen.

Der Vorgang, dass andere Menschen nicht nur überhaupt als andere Menschen empirisch wahrgenommen und logisch als andere gedacht, sondern auch als mit gleichen Rechten ausgestattet gedacht werden, ist bekanntlich ein Spätprodukt abendländischer Aufklärung und revolutionärer Emanzipation. Er setzt aber voraus, dass die anderen ebenfalls jeweils ein »Ich« sind. Alter ist ebenfalls Ego. In rechtlicher Optik interessiert dabei die 1. Person des »Ich« oder »Wir« nicht mehr, sondern nur noch die 3. Person. Die Identifizierung der Personen als gleiche und gleichwertige geschieht in der Sprache bloßer Legalität durch Absehen von »ich« und »du«. Anders in der Moralität: Hier hält die überlieferte philosophische Sprachgebung an der 1. Person fest: »Ich« bin Adressat von Verpflichtungen, die ich mir selbst gebe, um die Gleichheit mit anderen ohne Zwang (wie in der Legalität) zu praktizieren.

Es erscheint also als eine der großen Errungenschaften der okzidentalen Zivilisation, dass die jeweils anderen Menschen nicht nur empirisch und logisch, sondern auch rechtlich und moralisch als jedem Ego gleich behandelt werden. Der Andere ist gleichartig und gleichwertig mit »mir«. Keine monadische Subjektivität ist vor einer anderen ausgezeichnet. Dagegen setzt Lévinas seine Behauptung, der andere Mensch sei der vollständig Andere. Lévinas weiß, dass er damit etwas zur Geltung zu bringen versucht, was der bezeichneten Tradition widerstreitet. Er hält für seine Andersartigkeitsbehauptung folgende starke Version bereit: »Das absolut Andere ist der Andere.« (L'absolument Autre, c'est Autrui. TI, 9) Es handelt sich hier um die von Lévinas 1961 ausdrücklich als Metaphysik oder als *metaphysisch* vertretene Version der Andersartigkeit des anderen Menschen. Der andere Mensch ist nicht nur im Ganzen verschieden von mir. Er ist der metaphysischen Andersartigkeitsbehauptung zufolge *absolut* anders als ich.

Der Gehalt dieser starken Andersartigkeitsbehauptung ist in doppelter Hinsicht beunruhigend. Zunächst erschüttert er unsere Selbstverständlichkeit, mit der in der Tradition des Sokratismus der Andere als ein anderes Ich angesehen wurde. Darin liegt auch eine Trennung, aber sie betrifft die Koexistenz von als autonom bzw. monadisch gedachten Personen, die gleichartig und gleichberechtigt sind. Was Lévinas in die Philosophie einführt, ist offenbar die Preisgabe jeder Möglichkeit, den anderen Menschen in den Begriff »Ich« einzuholen, ihn in irgendeiner Weise analog (wie Husserl wollte) zu mir zu begreifen. Im Hinblick auf den anderen Menschen versagt analogische Übertragung. Woher kann ich sicher sein, dass der mir begegnende Andere ein anderes Ich ist? Sobald diese Frage bzw. dieser Zweifel auftaucht, wird deutlich, dass die analogische Fassung des begegnenden anderen Menschen nicht per se frei ist von dem Verdacht, etwas zu überspielen: nämlich eine anders bleibende Anders- und Fremdheit des anderen Menschen. Um nochmals Maurice Blanchot zu bemühen, sei eine Bemerkung zitiert, die er ausgehend von Überlegungen zu *Totalité et infini* formulierte: »[...] das wahrhafte Außerhalb ist nicht das des Objekts oder das der gleichgültigen Natur oder des unermesslichen Universums [...]. Die wahrhafte Fremdheit [...] kommt zu mir durch das Andere, was der Mensch wäre: der Mensch nämlich ist allein der Zentrumsentrückte [...].

Der Andere: er fällt nicht nur nicht in meinen Horizont, er ist selbst ohne Horizont.«[42]

Lévinas hat die Andersheit des Anderen intensiv auch an der *Suche nach der verlorenen Zeit* von Marcel Proust verdeutlicht: »Die tiefe Lehre Prousts [...] besteht darin, das Reale in eine Beziehung mit dem zu setzen, was auf immer anders bleibt, mit dem Anderen als Abwesenheit und Mysterium. Sie besteht darin, diese Beziehung selbst noch in der Intimität des ›Ich‹ wiedergefunden und so eine Dialektik erschlossen zu haben, die endgültig mit Parmenides bricht.« (NP, 123) Die Anspielung auf den frühgriechischen Denker Parmenides besagt hier: Parmenides war der erste Philosoph der Ontologie. Er führte den Gedanken ein, dass nur das Seiende in seiner Identität dasjenige ist, was sich eigentlich denken lasse; »denn dass es gedacht wird, ist dasselbe, wie dass es ist«[43]. Denken und Sein sind korrelativ. Eine Korrelation, die Lévinas durchbrechen will.

Aber ist der andere Mensch, eben indem er Mensch ist, nicht zumindest gattungsmäßig mit mir gleichartig? Und ist nicht jede Vereinigung von Menschen eine Gruppierung von sozial gleichartigen Menschen, d.h. von Lebewesen, die zur Gemeinschaft fähig sind? Beides lässt sich kaum bestreiten, aber es betrifft die metaphysische Andersartigkeitsbehauptung von Lévinas nicht: Lévinas redet nicht von gattungsmäßig oder sozial gleichen Menschen, sondern von einer Fremd- und Andersartigkeit des anderen Menschen, sofern er »mir« begegnet. Seine metaphysische Andersartigkeitsbehauptung ist nicht dadurch zu entkräften, dass viele Menschen in Gestalt der »Koexistenz« einer »neutralen Intersubjektivität« als gleichartig angesehen werden. (Vgl. TI, 39) Anders ausgedrückt: Lévinas beschreibt eine Beziehung der 1. Person (»Ich«) zur 3. Person (»der Andere«). Dass die Sicht der 1. Person nicht durch die der 3. Person ersetzt werden kann, wird ja außerhalb von Lévinas durch den moralischen Sokratismus belegt, der sich, wie gezeigt, von der bloß juristischen Rede unterscheidet, die nur in der 3. Person über Handlungen und Akteure spricht.

Wird unsere gewöhnliche, durch eine Tradition geprägte analoge Auffassung vom anderen Menschen durch Lévinas' Andersartigkeitsbehauptung erheblich irritiert, so sorgt die Angabe, die Andersartigkeitsbehauptung sei metaphysisch aufzufassen, bei Philosophen nochmals für Verwirrung. Soll man Lévinas ein Missverständnis von »Metaphysik« unterstellen? Oder soll man seinen Mut bewundern, gegen das erdrückende Gewicht der philosophischen Tradition von Platon bis Husserl und Heidegger zu philosophieren? Zu antworten ist: sowohl als auch. Lévinas musste zunächst die Metaphysik »missverstehen«, er musste entgegen seiner Absicht selbst die Sprache der Ontologie benutzen. Damit wird jedoch seine Absicht, gegen die sokratische Tradition zu denken, nicht vereitelt. Sie musste nur mit anderen Mitteln verfolgt werden.

Lévinas veränderte zunächst die Bedeutung von »Metaphysik«. Um die faszinierende Denkbewegung von *Totalité et infini* zu verstehen, muss der Leser folgende Bedeutungsänderung mitvollzogen haben: Die Metaphysik als *Ontologie* in der Tradition Platons, d.h. die Theorie vom Seienden als Totalität von identischen Entitäten (Sokratismus), wird bei Lévinas zu einer Metaphysik als *Ethik*, mit anderen Worten: zu einer Theorie vom Anderen in seiner Differenz und seinen Bezügen zu »mir«, der ihm begegnet. Daraus folgt, dass Ontologie nicht Ethik ist. Konkreter: Es wird ausgeschlossen, dass eine Begrifflichkeit der Ontologie zum Begreifen ethischer Bezüge der Andersheit des anderen Menschen geeignet ist. Denn die Ontologie reduziert, wie am Sokratismus gezeigt wurde, die Andersheit stets auf die Selbigkeit eines monadischen Ich. Dasselbe gilt nun auch noch von der Intentionalität bei Husserl. In einer zuerst 1983 veröffentlichten Studie über Intersubjektivität fasst Lévinas seine Kritik an der phänomenologisch-intentionalen Deutung der Intersubjektivität zusammen: »In der phänomenologischen Theorie der Intersubjektivität ist es stets die *Erkenntnis (connaissance)* des Alter Ego, die die ichartige Isolierung durchbricht. Die Vorstellung, dass eine Sensitivität den Anderen *anders* als durch das ›Erkennen‹ als Berühren oder Sehen erschließen könnte [...], scheint den Analysen der Phänomenologen fremd zu bleiben.« (HS 151)

Zwar wird, so gesteht Lévinas hier zu, mit der Vorstellung, den anderen Menschen als – wie Husserl in § 52 seiner *Cartesianischen Meditationen* schreibt – »Analogon von Eigenheitlichem« zu verstehen, die monadische Ich-Isolation aufgebrochen. Aber das führt insofern nicht zur wirklichen Andersartigkeit des Anderen, als dabei der Andere nur im Kontext von Erkenntnisleistungen erscheint. Erkenntnis ist jedoch Bestimmen von Gegenständen im Entsprechungsverhältnis zu ihren subjektiven Gegebenheitsweisen, mithin Vollzug von Intentionalität im oben bezeichneten Sinn. Erkenntnismäßig konzipierte Intersubjektivität bleibt eine Ausweitung monadischer Subjektivität, eine, wie Husserl in § 56 der *Cartesianischen Meditationen* bemerkt, »intermonadologische Gemeinschaft«.

Trotzdem: Lévinas' Umdeutung von »Metaphysik« enthält erhebliche Probleme. Sie lassen sich einteilen in solche, für die Lévinas Lösungen bereithält, und in solche, die über *Totalité et infini* hinausweisen. Die bei Lévinas lösbaren Probleme sind vermutlich diejenigen Einwände, die philosophisch geschulten Lesern zuerst einfallen: Lévinas sieht in der traditionellen Metaphysik eine Ontologie, die Ethik ausschließt, obwohl unstrittig ist, dass bei Platon, dem Gründungsvater der Metaphysik, die Ideenlehre stets mit ethisch-moralischen Motiven verbunden war! Der Grund der Ermöglichung des Seins und der Wahrheit heißt bei Platon bekanntlich nicht »absolutes Sein«, sondern »Idee des Guten«. Trägt also Lévinas nicht Eulen nach Athen, wenn er Metaphysik zu Ethik umdeuten will? Warum hält er an dem Wort »Metaphysik« überhaupt fest, das mit »Ontologie« synonym sein sollte? Beide Einwände bieten Anlass, das Anliegen von Lévinas weiter zu verdeutlichen.

Selbstverständlich war die Ethik mit Metaphysik verbunden, aber diese Ethik war anderer Art als das, was Lévinas beabsichtigt. Sie ging davon aus, dass der andere Mensch ein Alter Ego ist, das, weil es mir gleichartig ist, auch als mir Gleichwertiges zu behandeln ist. Demgegenüber versucht Lévinas eine andersartige Ethik zu konzipieren, die auf einer Beziehung meiner Begegnung (1. Person) mit dem Anderen (3. Person) beruht. Der Unterschied beider Ethiken wurde oben als Gegensatz von existenzphilosophischem und extremem Humanismus bzw. als Gegensatz von Sokratismus und Messianismus bezeichnet. Es ist schwer, diesen Gegensatz philosophisch genauer zu bestimmen, zumal die gesamte überlieferte Ethik davon betroffen wäre. Sehr vorläufig ließe sich sagen: Die überlieferte sokratische Ethik geht von der 1. Person (»Ich«) aus und verlangt, dass »Ich« bereit bin, mich wie in der 3. Person zu verhalten: »Ich« soll mich zu anderen »Ichen« so verhalten, dass von beiden im Sinn eines regelförmigen Verhaltens (»sie« tun dies und unterlassen jenes) gesprochen werden kann. Führt also die überlieferte Ethik die 3. Person über die 1. Person (»Ich«) ein, so will die Lévinas-Ethik die 1. und die 3. Person über den Anderen einführen: Der »mir« begegnende Andere macht »mich« erst zu einem moralischen Subjekt. Und der Andere ist Anwesenheit der 3. Person: Der Andere, der mir als »Gesicht« begegnet, ist – als »der« Andere – immer schon Gegenwart der 3. Person. Lévinas hat dazu 1975 in einer Diskussion bemerkt:

»Warum gibt es den Dritten? Ich frage mich manchmal, ob er [der Dritte] sich nicht so rechtfertigen lässt: die Ermöglichung einer nicht interessengebundenen Verantwortung für den Anderen schließt die Gegenseitigkeit aus. Wäre der Andere ohne Hinwendung zum anderen Menschen? Hier ist ein Dritter notwendig. Wie dem auch sei, in der Beziehung mit einem Anderen bin ich immer in Beziehung zu einem Dritten. Aber er [der Andere] ist auch mein Nächster [...] das Erscheinen explizieren heißt nach meiner Auffassung, vom Dritten auszugehen [...] die Beziehung mit dem Anderen ist niemals Beziehung mit dem Anderen allein: Von Anfang an ist im Anderen der Dritte vorgestellt; in der Erscheinung des Anderen selbst blickt mich bereits der Dritte an.« (DVI, 132 f.)

Diese Äußerung ist deshalb wichtig, weil ohne die Dimension des »Dritten« der Andere ausschließlich ein »Du« wäre. Zu einem »Du« aber gehört eine reziproke Beziehung mit »mir«. Wie oben vermerkt, will Lévinas seinen extremen Humanismus im Unterschied zu Martin Buber jedoch nicht auf eine reziproke Ich-Du-Beziehung gründen. Die Bedeutung des im Anderen kopräsenten Dritten reicht weiter: Sie betrifft die Möglichkeit, die Beziehung des »Ich« zum Anderen überhaupt zum Gegenstand einer *Theorie* zu erheben. Ohne die Kopräsenz des Dritten in meiner Beziehung zum Anderen könnte es gar kein Explizieren des Erscheinens des Anderen geben! Lévinas gibt also nicht die Möglichkeit preis, von der Beziehung des »Ich« zum Anderen theoretisch zu handeln. Das Verlassen der Ontologie zugunsten einer Ethik, die die 1. Person über den Anderen einführt, mündet nicht in Irrationalismus. Lévinas, dessen Hermeneutik jüdischer Texte antiobskurantisch ist, bleibt auch in der Philosophie dieser Hermeneutik treu.

Soweit zum ersten Einwand, wonach in der ontologischen Metaphysik selbst bereits Ethik eingeschlossen sei. Warum aber, so der zweite Einwand, hält Lévinas an dem Wort »Metaphysik« fest, wenn es doch mit »Ontologie« synonym war, mithin das

Gegenteil dessen besagt, was er zur Sprache bringen will? Auch hierauf hat Lévinas eine plausible Antwort. Die Metaphysik enthält zwei Züge, die über Ontologie hinausweisen. Ontologie als Lehre vom Sein verstand »Seiendes« stets als etwas Begrenztes. Daher sprengen Vorstellungen von einem »Jenseits des Seins« bzw. einem »Unendlichen« den Rahmen der Ontologie. Die beiden von Lévinas aufgenommenen Züge der Metaphysik lauten entsprechend: a) »Jenseits des Seins« bei Platon und im Neuplatonismus und b) die »Vorstellung des Unendlichen in mir« bei Descartes.[44] Diese beiden Angaben nimmt Lévinas als Losungsworte, um die ontologische Deutung der Metaphysik durch ihre ethische zu ersetzen. Dies geschieht, indem das »Jenseits-des-Seins« als eine Kennzeichnung des Ich-Anderer-Bezugs verstanden wird. »Aber wo geschähe das absolut ›Andere‹ des ›Jenseits-des-Seins‹, das Platon und Plotin anführen [...], wenn nicht in der Substitution für den Anderen?« (DVI, 31) Die »Substitution für den Anderen« ist eine Konsequenz des späten Lévinas aus der Ethik der Gewinnung der 1. Person durch die Beziehung zum Anderen. Sie kennzeichnet sich als »passivere Passivität als alle Passivität«, als »Selbstverleugnung«, als »die in Akt nicht konvertierbare Passivität« (SA, 315 ff.).

Die »Vorstellung des Unendlichen in uns« reinterpretiert Lévinas so, dass sich darin etwas mit meinem Bewusstsein verbindet, was ich zugleich mit meinem Bewusstsein nicht mehr umfassen kann. Das aber bedeutet, dass das Entsprechungsverhältnis der Intentionalität, wonach jede Noesis ein Noema besitzt, bei der Unendlichkeitsvorstellung nicht mehr funktioniert. Lévinas schließt daraus auf die Gegenwart der Unendlichkeitsvorstellung in uns: Sie ist »Begehren« (désir). Das Begehren ist »metaphysisch«, es richtet sich auf »das absolut Andere« und kann insofern nicht befriedigt werden. (TI, 3) Das ähnelt durchaus einer neuplatonischen Version des Begehrens (desiderium) bei Nicolaus Cusanus bzw. bei Jacques Lacan, der diese neuplatonische Sprache in seinem Ethik-Seminar aufgreift.[45] Das Begehren bei Lévinas, das nicht etwa von einem Mangelzustand ausgeht, ist, wie es gegen Ende von *Totalité et infini* heißt, »Begehren nach einer Person« (TI, 275). Lévinas berührt sich hier unabsichtlich mit der Christologie des deutschen Idealisten Schelling, der 1809 in einer dunklen Schrift bemerkt hat: »Nur Persönliches kann Persönliches heilen, und Gott muß Mensch werden, damit der Mensch wieder zu Gott komme.«[46]

Bestimmen wir, bevor wir das im Diskurs von *Totalité et infini* prekäre Problem ansprechen, zunächst zusammenfassend, wie Lévinas die »Intentionalität« zu durchbrechen versucht. Intentionalität wird von Edmund Husserl als Korrelation von Gegebenheit einer Sache und der Weise, wie die Sache uns bewusst ist, verstanden. Der philosophische Gewinn dieses Ansatzes bestand gegenüber allen Vorstellungen von einem weltlosen, frei schwebenden Subjekt darin, dass das Subjekt immer schon auf Inhalte bezogen ist bzw. die Inhalte auf Bewusstsein gerichtet sind. Wie zuvor Heidegger ist auch Lévinas durch die Schule der husserlschen Phänomenologie hindurchgegangen. Sein Philosophieren nimmt daher den Ausgang von einer ausgearbeiteten Theorie und Methodik, in der insbesondere die naiven Existenzsetzungen des Alltags eingeklammert und in der die Beziehung zu fremder Subjektivität und zum fremden Bewusstsein unabhängig von den diesbezüglichen Fragestellungen der deutschen Idealisten (Fichte, Hegel) auf neuartige Weise thematisiert wurden.

Was Lévinas nun gegenüber der phänomenologischen Methodik in *Totalité et infini* unternahm, war das Einbringen solcher Ansätze der Metaphysik in die Phänomenologie, die zwei Bedingungen genügen: Erstens sollten sie von der Metaphysik selbst nicht angemessen genutzt worden sein, weil sie von der ontologischen Metaphysik verfehlt wurden. Es handelt sich dabei um die (von Platon und dem Neuplatonismus) geprägte Formel »Jenseits des Seins« und um die (bei Cusanus und Descartes belegbare) Vorstellung »des Unendlichen in uns«. Die Lösung des Rätsels, das diese Bestimmungen enthalten, ist nicht ein Anderes in Gestalt eines verborgenen »Seins« (wie beim späten Heidegger), sondern ist etwas absolut Anderes in Gestalt des mir begegnenden anderen Menschen. Sofern der Andere absolut und »metaphysisch« anders ist, ergibt sich ein neuer Sinn von Metaphysik: Ethik statt Ontologie. Zweitens soll sich auch der Sinn von »Ethik« wandeln: Es soll nicht, wie in der Tradition des Sokratismus, über die 1. Person die 3. Person erreicht werden, sondern 1. Person und 3. Person sollen sich erst über den Anderen erschließen. Diese neue Bedeutung von »Ethik« zeigt zugleich, dass die Immanenz der intentionalen Entsprechung von Noesis und Noema überschritten werden muss: Der Andere bleibt außerhalb einer monadisch gedachten Subjektivität, die sich fremde Subjektivität nur in Analogie zur Eigensphäre vorstellen kann.

Es wird also deutlich, dass Lévinas' Methodik der Umdeutung und Ergänzung vorhandener Philosophie im Hinblick auf eine ethische Uminterpretation der Metaphysik kohärent geplant und durchgeführt wird. Gleichwohl erzeugt Lévinas dabei ein Problem, das er im Rahmen von *Totalité et infini* nicht nur nicht lösen kann, sondern beständig neu produziert: Es ist das Problem derjenigen Begrifflichkeit, die das »absolut Andere« jenseits der ontologischen Begrifflichkeit angemessen zur Sprache bringen könnte. Das Problem stellt sich z.B. dort, wo sich Lévinas radikal gegen Heidegger wendet, der in *Sein und Zeit* den Bezug zum anderen Menschen der Ontologie unterordnet. Es gehe nicht, so bemerkt Lévinas gegen Heidegger, um »die Teilhabe am Sein, das uns allen jetzt und stets vertraut ist« (TI, 61).[47] Damit setzt Lévinas voraus, dass das »Sein« anwesend ist, vergleichbar mit der These Hegels, wonach »das Absolute« bereits bei uns ist und sein will.[48] Wenn »Sein« schon als etwas, was anwesend ist, vorausgesetzt wird, dann geht in das gesamte Lévinas-Projekt ethischer Umdeutung der Metaphysik eine ontologische Erblast ein, der er sich nur dadurch erwehren könnte, dass er ontologische Annahmen ausklammert. Jedes Ausklammern aber wäre nichts anderes als eine Verschiebung: Ontologie wäre nicht erledigt, sondern ihre Behandlung stünde noch aus.

Lévinas' Umdeutung der »Wahrheit« im Ausgang von Heidegger mag seine Bindung an die Ontologie nun weiter illustrieren. Wahrheit ist, so Lévinas, nicht »Entdecktheit« von Sein, und sie ist auch nicht, wie Heidegger wollte, »Erschlossenheit« von menschlichem Dasein.[49] Eine als Entdecken oder Erschließen gedachte Wahrheit bleibt immer noch in der Immanenz einer Subjekt-Objekt-Beziehung, wie sie der Sokratismus ansetzte. Lévinas bemerkt in diesem Zusammenhang: »Die Manifestation kath'hautó [i. Orig. griechisch, d.h. ›von sich selbst aus‹] besteht für das Sein darin, sich uns zuzusagen, unabhängig von jeder Stellung, die wir in seiner Hinsicht bezogen haben. Sie besteht darin, sich auszudrücken [...]. Die absolute Erfahrung ist nicht Entdeckung, sondern Offenbarung.« (TI, 37)

In diesem grundlegenden Passus wird mitgeteilt, dass »Sein« nicht von der Subjektivität der Menschen aus vorgestellt werden könne. Denn das könne nur eine Optik ergeben, wonach das Sein von uns entdeckt werde. Die »Wahrheit« wäre dann die Beziehung des Seins, die Beziehung dessen, was ist, auf unser es enthüllendes Tun. Die Alternative lautet: Das Sein muss sich von sich selbst aus (kath'hautó) uns zeigen. Ein solches sich von sich aus sich uns zeigendes Sein ist etwas, was sich offenbart. Was geschieht mit dieser Bemerkung? Das »Sein« war in der Tradition des Parmenides der Leitbegriff des ontologischen Philosophierens. Platon hat diesen Begriff durch einen Zusatz verschärft, der bis zu Kant, Hegel und Sartre bestimmend bleiben sollte: Es ist die Bestimmung des »kath'hautó«, des »von sich selbst aus« oder des »an sich«.[50] Indem sich Lévinas dieser Redeweise (Manifestation kath'hautó des Seins) bedient, wird nicht rhetorisch mit einer platonischen Kennzeichnung gespielt, sondern diese wird in ihr Recht eingesetzt: Nicht, wie es uns erscheinen mag, soll vom Sein geredet werden, sondern so, wie es von sich aus (kath'hautó) zu uns spricht. Ontologie ist damit absolut geworden.

Lévinas hat das hier Bezeichnete selbst bemerkt. Die Sprache, in der in *Totalité et infini* die Ontologie überschritten werden sollte, ist selbst ontologisch geblieben. Lévinas ist jedoch kein Dogmatiker, der endgültig über Endgültiges zu handeln sich vornimmt. Er bemerkt in einer Selbstkorrektur: »Die ontologische Sprache, die in *Totalité et infini* verwendet wird, ist in keiner Weise eine endgültige Sprache. In *Totalité et infini* ist die Sprache ontologisch, weil sie vor allem nicht psychologisch sein will. Aber in Wirklichkeit handelt es sich bereits hier um eine Erforschung dessen, was ich ›Jenseits-des-Seins‹ nenne, d.h. die Zerreißung (le déchirement) der Gleichheit mit sich, die das Sein stets ist.« (DVI, 133; vgl. auch DL, 379)

Es empfiehlt sich daher, *Totalité et infini* nicht etwa als einen Irrweg zu betrachten, sondern als Versuch zu nehmen, die Öffnung zum anderen Menschen gegen die sokratische Ontologie mit immer noch ontologisch gebliebenen Begriffen zu denken. Das Ziel der *Destruktion* des Sokratismus, der mit seinem Ansatz, das Andere auf das Selbe zurückzuführen, die okzidentale Philosophie als einen Gewaltzusammenhang kenntlich werden lässt (vgl. TI, IX f.), bleibt aber deutlich. Hatte sich Heidegger in *Sein und Zeit* eine »positive Destruktion« der bisherigen Ontologie als deren Reinterpretation im Horizont der Zeitlichkeit vorgenommen[51], so reicht Lévinas' Destruktion potenziell weiter als die Destruktion bei Heidegger: Es geht nicht darum, die rechte Auslegung des »Seins« zu finden, sondern darum, aus dem Umkreis allen Denkens herauszutreten, das von der Sichselbstgleichheit des Seins handelt. Eine psychologische oder besser »mentalistische« Sprache, wie sie Kant, der deutsche Idealismus, Schopenhauer, Nietzsche führten, indem sie vom »Vermögen« des Bewusstseins als Verstand, Einbildungskraft, Wille usw. redeten, kommt deshalb auch nicht mehr infrage. Eine solche Begrifflichkeit fiele noch hinter Husserls Kritik an der weltlosen Subjektivität zurück.

Wie soll eine philosophische Destruktion der ontologischen Erblast dann aber erfolgen? Was soll das Medium sein, in dem sich jenseits des bisherigen Humanismus ein »extremer Humanismus« denkerisch artikuliert?

Lévinas' sprachbezogene Wende

Im Selbstverständnis der Gegenwartsphilosophie hat sich im 20. Jahrhundert ein »linguistic turn« ereignet, hat sich nach der Erschöpfung ontologischen oder mentalistischen Denkens gar ein neues »linguistisches« Paradigma ergeben.[52] Diese Diagnose wird vor allem auf Wittgenstein und seine Folgen für die angloamerikanische Philosophie bezogen. Dass sich in Frankreich etwas vollzogen hat, was dem »linguistic turn« nicht nur vergleichbar ist, sondern womöglich weitreichendere Folgen besitzt, ist noch kaum bedacht. Das hängt mit dem französischen Sonderweg zusammen, der sich den neueren Entwicklungen erst sehr spät öffnete. Später zeichnete sich ein weiterer logisch-semantischer Sonderweg in der französischen Philosophie ab.[53]

Die französischen Sonderwege verdienen nicht, insgesamt als Abwege betrachtet zu werden. Denn das Maß, so zu urteilen, wären allein bestimmte Tendenzen der angloamerikanischen Philosophie, die sich im Übrigen ihrerseits längst den Franzosen geöffnet hat. In Frankreich wird der »linguistic turn« bezeichnenderweise »tournant langagier«, »sprachbezogene Wende«, genannt. Das bezeichnet besser, worum es hierbei eigentlich geht: Der »linguistic turn« betrifft ja weder die Linguistik noch meint er linguistische Einwirkungen auf die Philosophie. Vielmehr besagt er, dass die philosophischen Fragen und Problemstellungen nunmehr sprachbezogen zu formulieren seien: »Der Gedanke ist der sinnvolle Satz.«[54]

Lévinas hat nun einen eigenen »tournant langagier« vollzogen: eine »sprachbezogene Wende«, die keine »sprachanalytische Wende« darstellt. Von Anfang an war bei Lévinas Sprachlichkeit mit »meiner« Beziehung zum anders bleibenden anderen Menschen verbunden. Die »sprachbezogene Wende« bei Lévinas besteht wesentlich darin, eine methodologische Katharsis von der ontologischen Erblast zu erzielen. Das kündigt sich bereits in *Totalité et infini* an, kommt aber erst in den nachfolgenden Arbeiten weiter gehend zur Geltung.

Erinnern wir uns zunächst an die maßgebliche Bestimmung des Judentums, die wir Lévinas' kongenialem Freund Maurice Blanchot verdanken: Es sei das »Faktum Israels«, dass Sprechen immer Zu-einem-Menschen-Sprechen heiße. Zu jemandem sprechen bedeute aber primär nicht, dass der Angesprochene in ein System von Sach- oder Seinsinformationen eingeführt werde. »Es bedeutet vielmehr, ihn als unbekannt anzuerkennen und als Fremden aufzunehmen, ohne ihn zu nötigen, seine Andersartigkeit aufzugeben. In diesem Sinn ist die (gesprochene) Sprache (la parole) das gelobte Land, wo das Exil sich als Aufenthalt erfüllt.«[55] Lévinas' Denken kann auch als das Bemühen beschrieben werden, dieses Zeugnis Blanchots philosophisch einzuholen. Und das bedeutet, dass zu der absoluten Andersheit des anderen Menschen sich Sprache gesellt bzw. dass der »extreme Humanismus« des anderen Menschen überhaupt nur möglich wird, obwohl oder weil in der absoluten Trennung des Anderen Sprache geschieht. Weil es, wie Edmond Jabès für Lévinas schrieb, Spur und Stimme nur in der Wüste gibt.

Wir haben zunächst noch im Kontext von *Totalité et infini* weiter zu erläutern, was es besagt, wenn Lévinas die absolute Andersheit des anderen Menschen als Gesicht, Sprache, Belehrung und Wahrheit versteht. Im Ganzen gilt für *Totalité et infini*, dass Sprache eine Vermittlungsfunktion zwischen ihren Benutzern besitzt. Da aber die Subjekte wiederum im Vollzug der Sprache getrennt bleiben, muss Sprache paradox als Vermittlung und Trennung von Subjekten erscheinen. Diese Paradoxie stellt sich bei Lévinas so dar: »Der Bezug der Sprache setzt die Transzendenz, die radikale Trennung der Sprecher voraus, die Offenbarung des Anderen im Verhältnis zu mir.« (TI, 45) Das bedeutet, dass Sprache die absolute Andersheit des anderen Menschen zeigt. Die Vermittlungs- oder Verständigungsfunktion geschieht als Aufzeigen der Andersheit des anderen Menschen. Sprache bleibt damit gedeutet als Nähe, als Annäherung an den Anderen, und als Ferne, als Zeigen der Andersheit des anderen Menschen. Damit wendet sich Lévinas gegen zwei Konsequenzen der sokratischen Ontologie zugleich, einmal gegen die Annahme einer begrifflichen Sphäre, in der die Besonderheit der Sprechenden untergeht, zum anderen gegen eine Auffassung, wonach mein Bewusstsein das Einzige ist, was es gibt (so genannter Solipsismus; vgl. TI, 44 f.).

Die Sprache als Zeigen der absoluten Andersheit des anderen Menschen umkreist Lévinas in verschiedenen Wendungen. Stets kennzeichnet er jedoch die Sprache als eine Beziehung von Getrennten.

»Die absolute Differenz, die nicht in Termini der formellen Logik gedacht werden kann, ergibt sich nur durch die Sprache (le langage). Die Sprache schafft eine Beziehung zwischen Termini, die die Einheit einer Gattung brechen. Die Terme, die Sprachpartner, lösen sich von der Beziehung ab oder bleiben in der Beziehung abgelöst. Die Sprache definiert sich vielleicht als Macht, die Kontinuität des Seins oder der Historie zu brechen.« (TI, 168 f.)

Die absolute Andersartigkeit des Anderen zeigt sich also in der Sprache, die mit der Kontinuitätsvorstellung von Sein oder Geschichte bricht. Aber die Andersheit bleibt ebenso bezogen auf die Sprache: Die Sprechpartner bleiben »in der Beziehung« andere. Alle diese Angaben stellen jedoch noch keine »sprachbezogene Wende« dar. Denn die Sprechpartner werden noch als Termini vorausgesetzt und sprachlich in eine Beziehung gebracht. Eine »sprachbezogene Wende« läge erst dann vor, wenn die Andersheit des Anderen sich nicht bloß in, sondern *als* Sprache zeigen würde. Genau diesen Schritt vollzieht Lévinas, wie noch zu zeigen ist, in seinem zweiten Hauptwerk, *Autrement qu'être ou au-delà de l'essence* (1974).

Die Sprachauffassung von *Totalité et infini* dagegen bleibt noch ungewollt ontologisch oder gar »intermonadisch«: »Die Sprache ist ein Bezug zwischen getrennten Termini.« (TI, 169) Das Beweisziel ist hier die ethische Dimension der Andersheit des Anderen. Nun ließe sich einwenden, dass diese Andersheit vorausgesetzt wird und dass die Sprache – entgegen ihrer Nicht-Privatheit – eigens zu einem die Subjekte Trennenden konstruiert wird. Aber ein solcher Einwand wäre nicht zwingend. Die absolute Andersheit kann auch als Hypothese aufgefasst werden, für die die Sprache eine Bestätigung ergibt.

Ein Einwand entsteht eher durch ein Schwanken von Lévinas bei der Bezeichnung der Sprachlichkeit: Er redet von »Sprache« (langage), »Diskurs«, »sprechen« und legt nahe, dass es sich um Synonyme handelt. Das aber ist nicht der Fall. Die Sprache (langage) im Allgemeinen schließt immer auch syntaktische und semantische Regeln ein, die Lévinas gerade nicht thematisiert. »Diskurs« enthält jene von ihm nicht als grundlegend erachtete Wechselseitigkeit, in der Alter nur ein Alter Ego ist. So bleibt die gesprochene Sprache übrig, für die das Französische im Gegensatz zum Deutschen ein eigenes Wort bereitstellt: »la parole«. Die Sprache als Bezug Getrennter ist als »parole« zu denken und nicht gegen »langage« oder »Diskurs« austauschbar.

Das Beweisziel von *Totalité et infini* lässt sich im Hinblick auf die Sprachlichkeit so bezeichnen, dass die absolute Andersheit des anderen Menschen als *ethisch* aufzufassende Andersheit nachzuweisen ist. Diesem Nachweis ethischer Andersheit dient die Sprache, sofern sie als sprechende Zuwendung zum anderen Menschen verstanden wird. Der Argumentationsgang ist folgender: Die Andersheit zeigt sich nicht, wie es die ontologische Tradition wollte, als Sehen, sondern als »Sich-Sagen« (se dire), als »Sich-Ausdrücken« (s'exprimer; TI, 37). Wird der andere Mensch nur gesehen, so bleibt er ein Noema innerhalb meiner Intentionalität und begegnet nicht als Außerhalb. Nun treffe ich aber den anderen Menschen leibhaft. Das schließt ein, dass er z.B. auch gesehen wird. Dem trägt Lévinas Rechnung, indem er das Sehen einfängt in dessen Brennpunkt, nämlich dort, wo der Andere als sichtbar Anderer wesentlich erscheint: in seinem Gesicht. Das Gesicht ist nicht nur das, was vom Anderen gesehen wird, es ist auch das, von dem das Sehen des Anderen ausgeht.

Von dem nicht nur gesehenen, sondern von dem selbst als sehend erfahrenen Gesicht des Anderen behauptet Lévinas nun, dass es spricht. Im Gesicht drückt sich der Andere aus. Das Gesicht des Anderen sagt sich als außerhalb der bloßen Sichtbarkeit befindliche Andersheit aus: eine Andersheit, die als solche für mich uneinholbar wird. Terminologisch ließe sich auch zwischen »Gesicht« und »Antlitz« oder »Angesicht« unterscheiden, wobei z.B. »Antlitz« u.U. den nicht thematisierbaren Aspekt von »Gesicht« bezeichnen könnte. Lévinas spricht selbst von »Antlitz«, nutzt allerdings das Dreifachangebot des Französischen, das »figure« und »face« neben »visage« kennt, nicht zur Nuancierung.

In einer der vielleicht eindrucksvollsten Passagen von *Totalité et infini* stellt Lévinas dar, dass dieses Andersbleiben des anderen Menschen ursprünglich besagt: »Du sollst nicht töten/Du wirst nicht töten!« (TI, 172 ff.) Natürlich weiß Lévinas (vgl. EI, 81), dass dieses Tötungsverbot nicht den Mord unmöglich werden lässt: »Die ethische Forderung ist keine ontologische Notwendigkeit.« Was sich jedoch nicht im Radius der Gewalttätigkeit befindet, ist das sich ausdrückende, das sprechende Gesicht. Weil das Gesicht außerhalb meines intentionalen Zugriffs auftaucht, lädt es uns gleichsam ein zu einem Akt der Gewalt und verbietet uns zugleich das Töten. (Vgl. EI, 80)

Der Mord übt eine Macht über das aus, was der Macht entgeht. (Vgl. TI, 172) Der Widerstand gegen den Mord ist daher nicht real, d.h., der Andere hindert mich nicht am Mord, sofern er anderer Leib ist. Der Widerstand gegen den Mord ist Verhältnis zu dem absolut Anderen des anderen Menschen, sofern sein Antlitz sich ausdrückt, d.h. die Nichttötung, die »Unmöglichkeit, vergewaltigt zu werden« (l'inviolabilité, TI, 169), besagt. Dieser Widerstand ist ethisch.

Was Lévinas damit erreicht hat, ist bereits mehr, als er sich in *Totalité et infini* eigentlich vorgenommen hat: Er ist nämlich noch hinter die gesprochene Sprache zurückgegangen. Das Gesicht besagt: »Du sollst nicht töten! « Es spricht, bevor es spricht. Das artikulierte Sprechen des Anderen fasst Lévinas als Unterweisung. Da der Andere anders ist, lehrt er diese seine »Neuigkeit« (TI, 38): »Die gesprochene Sprache, besser als ein einfaches Zeichen, ist wesentlich belehrend.« (TI, 41)

Ausführlich gedenkt Lévinas seines geistlichen Lehrers im Paris der Nachkriegsjahre, der sich »Chouchani« nannte und in dem sich die beiden für Lévinas stets zusammen auftretenden Züge des anderen Menschen verbanden: »Proletarier-Sein«, »Clochard-Sein« und »Erhabenheit«.[56] Die »Wahrheit« ist bei dem Anderen. Lévinas findet dafür die Formel: »Der andere Mensch ist das ursprünglich Erkennbare.« (DL, 378)

Der Übergang zur »sprachbezogenen Wende« im zweiten Hauptwerk ergibt sich aus *Totalité et infini* selbst: Rückgang noch hinter die gesprochene Sprache. Offenbar gibt es, so Lévinas, ein ursprüngliches Sprechen noch vor dem Sprechen: Es ist das, was das Gesicht des anderen Menschen be-sagt, was es ausdrückt. Die »sprachbezogene Wende« spricht Lévinas mitten in seinem zweiten Hauptwerk aus: »Ich bin-für-den-Anderen, weil ich Bedeutung bin – weil die *Hautberührung immer noch die Nähe des Gesichts ist, Verantwortung, Besessenheit vom Anderen, Sein-des-einen-für den-Anderen*: Geburt selbst der *Bedeutung* jenseits des Seins.« (AQE, 114)

Autrement qu'être ou au-delà de l'essence ist schwer zugänglich. Lévinas arbeitet hier insbesondere mit einem Mittel, das die gewöhnliche Syntax durchbrechen soll, nämlich mit Bindestrich-Nominalisierungen (z.B.: »Sein-des-einen-für-den-Anderen«). Sie sind dem Hebräischen entlehnt und im Englischen oder Deutschen im Übrigen leichter als im Französischen möglich. Die Bindestrich-Nominalisierungen bilden keine stilistische Exzentrizität, sondern sie entsprechen exakt der »sprachbezogenen Wende«. Der sprachbezogene Hauptsatz des zweiten Hauptwerks besagt: »Ich bin Bedeutung.« Die Sprache ist nicht mehr nur, wie in *Totalité et infini*, eine Beziehung getrennter Termini. Jetzt bin »ich« zur Bedeutung geworden. Mein Sein-für-den-Anderen meint nicht, dass ich als ein autonomes Ich mich um den Anderen kümmere, mich ihm zuwende, mich gar für ihn aufopfere. Es meint daher auch nicht die Erfüllung eines Gebotes, wonach ich den Anderen ebenso lieben soll wie mich selbst.[57] Es meint, dass ich selbst ganz zur Beziehung des Bedeutens geworden bin. Selbstverständlich geht es nicht darum, dass ich mich auf diese Weise verliere, sondern es geht am Ende darum, dass ich erst dann »ich« werde, wenn ich zur Bedeutung werde: Der Mensch ist paradoxerweise, wie zuvor angemerkt wurde, nur als Fremder und Anderer nicht entfremdet. (Vgl. AQE, 76) Ich entfremde mich von mir, von meinem Selbstverständnis als »Monade«, indem ich vorsprachliches Sprechen, indem ich Bedeutung für den Anderen werde. Ich werde statt eines Seins als Substanz ein Sein als Relation. Und es ist dieses zur Relation gewordene Sein, das Lévinas mit seinen Bindestrich-Nominalisierungen ausdrückt.

Totalität und Unendlichkeit. Versuch über die Exteriorität hieß das erste Hauptwerk. Es setzte dem sokratischen Denken, der monadisch-intentionalen Weltabschließung in der »Totalität« etwas entgegen, was nicht mehr von der Intentionalität her fassbar ist: das Außerhalb. Über alle totalisierende Weltabrundung weist etwas hinaus, was Lévinas mit Descartes als »Vorstellung des Unendlichen in mir« denkt. Das Unendliche ist absolut anders als irgendeine gegenständliche Entsprechung zu meinen Denkakten. Das absolut Andere ist der andere Mensch.

Das zweite Hauptwerk, von Thomas Wiemer mit *Jenseits des Seins oder anders als Sein geschieht* übersetzt, heißt wörtlich »Anders als Sein oder jenseits des Seins von Seiendem«. Der Titel bedarf noch mehr einer Erläuterung als *Totalité et infini*. Das erste Hauptwerk war noch beseelt von einer spannenden philosophischen Bekämpfung der Totalitätsvorstellungen, die die Tradition des Sokratismus erzeugt hat. Der Preis dieser Spannung war allerdings, dass sich Lévinas der nicht mehr angemessenen ontologischen Begrifflichkeit bediente.

»Anders als Sein« ist als Titel philosophisch bewusst anstößig: Was bleibt als Alternative zum Sein als das Nicht-Sein? Will Lévinas Sartres Schrift *Das Sein und das Nichts* noch einmal schreiben? Zwischen Sein und Nicht-Sein besteht keine dritte Möglichkeit. Das Buch »Anders als Sein« will aber das hier ausgeschlossene Dritte bieten.[58] Dieses Dritte ist die Sprache als ursprüngliche Sprache, mein Bedeutungwerden für den Anderen. Die Hamlet-Frage »Sein oder Nicht-Sein« ist deshalb für Lévinas nicht die eigentliche Frage. (Vgl. CNI, 162)

Lévinas bezeichnet mit »anders als *Sein*« ein Sein als Existierendes. Im Unterschied dazu bedeutet »Jenseits des Seins« ein »Sein«, so wie es Heidegger versteht, d.h. ein Sein des Seienden. (Vgl. AQE, IX und 4) Auch Heideggers »Sein«, das mit einem Seienden nicht verwechselt werden darf, bildet also für Lévinas keine Alternative zur bisherigen Philosophie. Anders als Existierendes und anders als das Sein von allem Seienden ist ein Drittes: die Sprache in ihrer Ursprünglichkeit. Was aber soll Sprache ursprünglich bedeuten? Lévinas' Antwort lautet: Ursprüngliche Sprache ist Sagen (le dire).

Um zu verstehen, was »das Sagen« positiv bedeutet, ist es zweckmäßig, zunächst anzugeben, was es Lévinas zufolge nicht bedeutet:

1. Generell liegt das Sagen jeder logisch, semantisch, linguistisch analysierbaren Sprachäußerung voraus. (Vgl. AQE, 6)

2. Das Sagen ist nicht Kommunikation als Semiose zwischen Sender und Empfänger, sondern Kommunikationsgrundlage. (Vgl. AQE, 61 f.)

3. Das Sagen ist nicht Intentionalität, der ein Gesagtes (le dit) korrelativ entspricht. (Vgl. AQE, 7, 62)

4. Das Sagen ist nicht ein anonymes Sprechen oder eine sich selbst sprechende Sprache. (Vgl. AQE, 61)

Diese Negationen zeigen einmal mehr an, dass Lévinas keine

»sprachanalytische«, sondern eine »sprachbezogene Wende« vollzieht. Es geht ihm nicht um Analysen von Sprachäußerungen im Hinblick auf logisch-semantische oder linguistische Modelle. Damit verhindert er, dass man ihn im Anschluss an die Modelle von Peirce, Bühler oder Morris (2), an Husserl (3) oder an den Strukturalismus (4) versteht. Was aber bleibt dann noch übrig für eine philosophische Theorie ursprünglicher, also sagender Sprache?

Offenbar bleiben nur zwei Möglichkeiten: Entweder ist das Sagen (le dire) selbst als Sprachereignis zu deuten oder es ist als Bewusstseinsvorgang zu verstehen. Im ersten Fall wird eine Theorie erfordert, die die sagende Sprache gegen die bezeichneten Sprachmodelle abgrenzt. Im zweiten Fall würde Lévinas in psychologische Sprachdeutungen zurückfallen, die er ablehnt. Um der »sprachbezogenen Wende« bei Lévinas gerecht zu werden, ist zweierlei zu beachten und miteinander zu verbinden: Methode und ursprüngliches Motiv. Das Motiv wurde hier schon mehrfach angesprochen: Es besteht im Denken eines extremen Humanismus in Gestalt einer Sprache der sich verpflichtenden Hinwendung zum anderen Menschen. Einer Sprache, die noch vor dem artikulierten Sprechen im System einer natürlichen Sprache spricht: »Du sollst nicht töten!«

Doch worin besteht die Methode? Aus *Autrement qu'être* geht hervor, dass sie eine Kombination von Skeptizismus und Phänomenologie darstellt. Lévinas wird wieder zum Phänomenologen. Er bleibt dem Impuls der Phänomenologie am Ende treu, ohne dabei die Intentionalität zu bestätigen. In *Autrement qu'être* heißt es: »Es geht darum, in dieses ›*Diesseits von*‹ zurückzugehen im Ausgang von der Spur, die das *Gesagte* aufbewahrt, wo alles sich zeigt. Der Rückgang zum *Sagen* (le Dire) ist die phänomenologische Reduktion, die dorthin führt, wo das Nicht-Beschreibbare sich beschreibt.« (AQE, 69)

Diese Aussage bildet eine der methodisch grundlegenden Stellen des zweiten Hauptwerks. Sie ist intuitiv so verstehbar, dass ein Zugang zu der Sphäre des Sprechens vor dem Sprechen (des Sagens) über das Gesagte, Geäußerte möglich wird. Das Geäußerte bewahrt Spuren des Äußerns auf. Vielleicht ist es zweckmäßig, das Sagen/das Gesagte (le dire/le dit) auch mit »das Äußern/das Geäußerte« wiederzugeben. Denn auf diese Weise wird nicht nur terminologisch Anschluss gewonnen an das hier maßgebliche Phänomen der »Äußerung«, das gemeinsame Thema von analytischer Philosophie und Poststrukturalismus. Es wird dadurch ebenso das Anliegen von Lévinas verdeutlicht: Ich äußere mich, ich bin Bedeutung, d.h., ich trete aus mir heraus, ich bin Bedeutung für den Anderen.[59] Aus dem, was ich artikulierend äußere, kann, so Lévinas, zurückgegangen werden zu einer Sphäre des Äußerns selbst. Mit der »phänomenologischen Reduktion« wollte Husserl einst zu einer ursprünglichen Konstituierung von Welt in der reinen Subjektivität gelangen. Damit kann Lévinas nicht mehr übereinstimmen. Das Letzte, wohin die Philosophie gelangen kann, ist für Lévinas nicht monadische Subjektivität, sondern ein zwischensubjektives Geschehen, eine »unendliche oder zwischenmenschliche Intrige« (TeI, 28). Daher kann Lévinas 1984 auch schreiben, Phänomenologie zu betreiben bedeute »Erforschung der menschlichen oder zwischenmenschlichen Intrige als Gewebe letzter Erkennbarkeit« (TeI, 28).

Das Wort »Intrige« ist dabei von Lévinas bewusst als tragikomische Bezeichnung gewählt: Sie bezieht sich auf das altgriechische Bild der Lebenswelt als Theater und – jüdisch gedacht – der Lebenswelt als Tempel der Gottheit. (Vgl. DVI, 115) Die in *Autrement qu'être* gehäuft erscheinenden Bilder, dass »ich« vom Anderen »verfolgt« werde und dass das »Subjekt« eigentlich »Geisel« des Anderen sei, gehören ebenfalls in den Kontext jener mit der jüdischen Konnotation des »Tempels« versehenen Metapher von der Welt als Theater.

Es wird somit verständlich, inwiefern die Methode der sprachbezogenen Wende immer noch phänomenologisch bleibt: Es besteht eine erkennbare Ebene letzter Geschehnisse, auf die alles andere sich gründet. Diese Ebene wird nicht durch Bewusstsein und nicht durch Sein bestimmt, sondern durch die Sprache als Äußern: »Das Äußern (das Sagen, le dire) gibt dem Anderen ein Zeichen, aber es besagt in diesem Zeichen die Stiftung (la donation) des Zeichens selbst.« (DVI, 121)

Inwiefern enthält die Lévinas-Wendung zur Sprache nun Skeptizismus? Unter »Skeptizismus« ist – durchaus im Anschluss an antike Positionen – bei Lévinas eine ethisch motivierte Distanzhaltung zu aller Ontologie zu verstehen. Der Skeptiker fällt keine Urteile über das, was menschlichen Beobachtungen unzugänglich ist. Er sagt nichts über etwas aus, sofern es wirklich *ist*, sondern nur darüber, wie es *erscheint*. Das Motiv des Skeptikers ist dabei nicht das Erkennen, sondern das gute Leben. Der Skeptizismus wurde, so führt Lévinas gegen Ende von *Autrement qu'être* aus, immer aus dem okzidentalen Diskurs vertrieben, aber er kehrte stets zurück. (Vgl. AQE, 210 ff.) Der Skeptizismus von Lévinas betrifft zunächst die Unterscheidung des Äußerns/des Geäußerten: Er trennt beide, sodass das Äußern nicht mehr nur eine Begleitung des Geäußerten ist. (Vgl. AQE, 213) Die »Sprache ist selbst schon Skeptizismus« (AQE, 216).

Der Skeptizismus soll für Lévinas die ursprüngliche Dimension des Äußerns sichern. Aber er philosophiert nicht ohne Wissen über die Situation, in der das philosophische Denken zumindest seit Nietzsche sich befindet. Das zweite Hauptwerk klingt mit der Bemerkung aus, dass er »nach dem Tode eines gewissen hinter der Welt wohnenden Gottes« kein »ruiniertes Konzept« mehr restaurieren wolle. (AQE, 233) Das besagt für die Wende zur Sprachlichkeit, dass es keine Chance mehr gibt, »Sprache« bloß repräsentationistisch als Abbildung von Welt oder von Bewusstseinsvorgängen zu deuten. Eine so verstandene Sprache versteht Lévinas als »Luxus«, als »merkwürdige Funktion, das Denken und das Sein zu verdoppeln« (DVI, 122). Genauer: Lévinas ist auch Derrida-Leser und kennt die »Krise des Sinns«, die »sich durch ›Dissemination‹ der Sprachzeichen bekundet, die das Signifikat nicht mehr beherrscht, da es demgegenüber nur die Illusion oder die List einer Ideologie wäre« (DVI, 32).

So betrachtet, teilt Lévinas die radikal antirepräsentationistische Sprachskepsis eines Derrida, d.h. die Verabschiedung aller Auffassungen, die eine Gegenwart der Signifikate behaupten. Auf der Ebene des Geäußerten ist die Krise des Sinns seit langem nicht mehr zu leugnen. In seinem Derrida-Essay (vgl. NP, 65-73) hat Lévinas verdeutlicht, worin seine (Lévinas') Aktivität eigentlich besteht. Derridas Kritik an der bisherigen Philosophie vermeintlicher Sicherung von Gegenwärtigkeit von Sein wird zugestanden. Lévinas' Überschreitung der Ontologie auf ein Außen hin und Derridas Dekonstruktion treffen sich. Zwei Wege kreuzen sich. Man erkennt die Gemeinsamkeit desselben Skeptizismus: Sprachzeichen, Signifikanten garantieren in keiner Weise mehr eine Repräsentation der Signifikate. Lévinas zieht aus dieser Situationsbestimmung jedoch eine andere Konsequenz als Derrida. Während Derrida die Signifikanten im Hinblick auf ihre Verschiebung von Gegenwärtigkeit bedenkt, erblickt Lévinas im Verlust einer Sicherung der außersprachlichen Welt durch die Signifikanten eine Chance zu einem anderen Denken, nämlich das Denken des anderen Menschen. Das Fehlen von »Sein« könne zum ersten Mal in der Geschichte der Philosophie als »Kreatur« gedacht werden, die nunmehr »Sprachlichkeit der Sprache« sei. (NP, 71) Was in der Dekonstruktion Derridas als Mangel erscheint, könnte nunmehr als das »Bessere«, als die nicht mehr ontologische, sondern als »ethische« Nähe zum anderen Menschen gedacht werden, die im »Äußern« geschieht. (NP, 72)

Wiederum erweist sich auf diese Weise, dass Lévinas in Gestalt der Umdeutung und Ergänzung anderer Positionen philosophiert: Die existenzphilosophische These unserer Verurteilung zur Verantwortung ergänzt er, wie oben gezeigt, durch Verpflichtung zur Verantwortung. Die poststrukturalistische Verabschiedung einer Präsenzgarantie durch Signifikanten ergänzt er durch die ursprüngliche Sprachdimension des Äußerns (dire) als Hinwendung zum anderen Menschen. Und wiederum zeigt sich, dass Lévinas insofern eine einzigartige Philosophie betreibt, als er sowohl »Existenzphilosoph« als auch »Poststrukturalist« ist. Bei keinem anderen Denker verknüpfen sich beide Strömungen mit einem vergleichbaren Anspruch, einem Anspruch auf Freilegung einer ursprünglichen Verknotung dessen, was Existenzphilosophie und Poststrukturalismus jeweils voraussetzen.

Beschreiben und deuten wir nun abschließend die sprachbezogene Wende des zweiten Hauptwerks. Das Geäußerte/Gesagte (le dit) entspricht der überlieferten Struktur dessen, was in der griechischen Philosophie einst die Entsprechung von Sein und Sprache besagte: Logos.[60] Dem Logos korrespondierte eine Zeitstruktur der Welt, nämlich Gleichzeitigkeit und Kontinuität. Sprache und Sein sind im Logos beide kontinuierlich, es gibt keine Trennungen, keine aus dem Gesamtbestand des Seins sich absondernden Teile. »Logos« heißt ursprünglich auch »Sammlung«. Weiterhin sind Sprache und Sein gleichzeitig. Sprache korrespondiert dem, was ist, und das, was ist, entspricht der Sprache. Diese Gleichzeitigkeit und Kontinuität wurden z.B. von Derrida bezweifelt. Lévinas, der sich in dieser Hinsicht Derrida anschließt, behauptet nun, dass die Ebene des Äußerns/des Sagens nicht nur anders ist als die Logos-Ebene des Geäußerten/des Gesagten, sondern dass sie die Sprache überhaupt erst ermöglicht. (Vgl. AQE, 61) In immer neuen Kennzeichnungen und Variationen versucht Lévinas, etwas über das Äußern/das Sagen mitzuteilen. Dabei ist vorausgesetzt, dass das Äußern sich nicht beschreiben lässt wie irgendeine sprachlich artikulierte Äußerung. Der Skeptizismus der Methode verlangt vielmehr, dass die logische und semantische Gliederung der Sprache nicht auf das Äußern übertragen wird.

Das Äußern ist mein Dasein, das zur Relation, zur Beziehung zum Anderen geworden ist. Auch wenn dies als Beschreibung der sprachbezogenen Wende zutrifft, so bleibt daran noch unverständlich, wie ich dazu komme, Beziehung zum Anderen zu werden. Wo ist der Anfang, der Ursprung dafür, dass ich »für den Anderen« bin als ein ursprüngliches Sagen/Äußern? Ausgeschlossen ist für Lévinas, dass der gesuchte Anfang in mir als autonomem Subjekt liegt. In diesem Fall stellten meine Beziehungen zum Anderen Bezüge freien Engagements von meiner Seite aus dar. Auch wäre es denkbar, dass ich versuche, dem Gebot zu entsprechen, das verlangt, ich solle den Anderen wie mich selbst lieben. All dies scheidet für Lévinas aus. Denn es setzt nur die Geltung der sokratischen und monadischen Tradition fort, in der meine Handlungen getragen werden von mir als einem sich selbst gegenwärtigen Aktionszentrum: Ich bin ich und setze mich in Beziehung zum Anderen.

Gegen diese Tradition setzt Lévinas vor allem zweierlei: Er verrückt den Ursprung des Seins-für-den-Anderen aus dem bisherigen Aktivitätszentrum in eine nicht mehr erinnerungsfähige Vergangenheit und Passivität. Und er identifiziert die Bedeutung des Pronomens »ich« als »mich«, d.h. als Akkusativ statt als Nominativ.[61]

Vergangenheit und Passivität: Ich bin eine für den Anderen sagende, vorsprachliche Bedeutung, bin Antwort, weil ich in einer anderen Zeit »angeklagt« bin, für den Anderen zu sein. Diese andere Zeit lässt sich nicht in die Gegenwart einholen. Sie bedeutet Vergangenheit, an die kein Mensch sich erinnern kann. Lévinas spricht von einer »Diachronie« oder einer »diachronen Zeit« im Unterschied zur kontinuierlichen Zeit des Gesagten oder des Logos. Bevor ich bewusstes »Ich« bin, bin ich eine Passivität, die, wie zuvor schon vermerkt, nicht »Rezeptivität«, nicht Empfänglichkeit eines im Übrigen aktiven Subjekts meint. Es wird vielmehr eine Passivität bezeichnet, die noch vor der gewöhnlichen Passiv-Aktiv-Unterscheidung besteht. Lévinas weiß, dass mit diesen Andeutungen sein extremer Humanismus noch extremer wird. Es stellt sich nämlich die Frage nach dem Ursprung meines Sagens-für-den-Anderen jetzt neu, und zwar als Frage nach der Aktivität dessen, der mich dazu »anklagt« oder »aufruft«: Muss es nicht die Aktivität einer Macht, eines Wesens, einer Wirklichkeit geben, das Geschehen meines, wie Lévinas es ausdrückt, »Mich-Ersetzens-für-den-Anderen« (substitution)?

Hier berührt sich nun Lévinas' Philosophie unabweislich mit der prophetischen Rede seines jüdischen Erbes und Anliegens. Es scheint die Verschiebung des Ursprungs einer mich für den Anderen bestimmenden Aktivität bei einer Aktivität zu enden, für die die prophetische Rede bereitsteht: Gott als »Schöpfer« des Menschen. Lévinas bejaht dies. Die Schwierigkeit, über die Schöpfung des Menschen vor aller erinnerungsfähigen Zeit zu sprechen, liegt jedoch darin, dass sie nicht mit der ontologischen Begrifflichkeit von Aktivität und absoluter Gegenwärtigkeit (eines Gottes) aussagbar ist. An einer Stelle des zweiten Hauptwerks weist Lévinas entsprechend alle traditionellen Deutungen ab, die das Wirken eines verborgenen Gottes zugrunde legen: »Das Gesicht funktioniert hier nicht wie das Zeichen eines verborgenen Gottes, das mich für den Nächsten verpflichtet.« (AQE, 119)

Gott und die Schöpfung des Menschen sind daher in einer anderen Begrifflichkeit zu denken: als ungegenständliche Unendlichkeit, die »nicht erscheint, nicht gegenwärtig ist, die immer schon vergangen ist« (AQE, 188). Um dies zu bezeichnen, wählt Lévinas das Mittel des Pronomens »er« (il). Aber nach dem Tod des moralischen Gottes als jenseitigen Schöpfers und Richters der Welt garantiert das Pronomen der 3. Person nicht mehr ein absolutes Sein Gottes, sondern bezeichnet nur noch einen Vorgang. Lévinas bildet dafür ein neues Wort, das aus französisch »il« (er) und lateinisch »ille« (jener) zugleich besteht: »illéité«, wörtlich also »Erheit«, »Jenigkeit«. (AQE, 15)[62]

Die »illéité« bewirkt, dass »ich verpflichtet bin, ohne dass diese Verpflichtung in mir begonnen hätte« (AQE, 15). Damit wird erkennbar, dass Lévinas der Derrida-Kritik an der Präsenz in mehrfacher Weise entspricht: 1. Die Präsenz wird mit Aktivität verbunden. Das sich selbst gegenwärtige Subjekt ist Aktivitätszentrum. Hinter es wird zurückgegangen in eine nicht mehr erreichbare Vergangenheit. 2. Die von jeder Vergegenwärtigung getrennte Vergangenheit verbirgt nicht eine Aktivität »Gottes«. Mit dem Begriff der Präsenz, der Gegenwärtigkeit trägt Lévinas auch noch die Vorstellung der Aktivität ab. Jene Gottheit, die mich ohne Anfang verpflichtet, ist als Aktivität nicht fassbar. Sie ist vielmehr immer schon vorübergegangen, sie ist »Jenigkeit«. Aktivität ist erst Resultat von etwas. Aktivität ist nicht ein Anfangen bei sich selbst, sondern ist Aufgabe, heißt einer Verpflichtung folgen. Die Ethik, nicht die Ontologie, ist ursprünglich. Lévinas nennt die anfangslose Verpflichtung auch anarchisch, d.h. »ohne Herrschaft« (nach griechisch »áneu« und »arché«). Die Dimension des ursprünglich Ethischen ist also zugleich Anarchie, Herrschaftslosigkeit.

Das Verpflichtetsein ohne Anfang fasst Lévinas seit *Autrement qu'être* als Akkusativ auf, der eigentlich die Bedeutung des Nominativs »Ich« bildet. Lévinas sagt dafür auch, dass ich »Geisel« des Anderen bin oder mich durch ihn ersetze, substituiere. Ich bin stellvertretend für alle verantwortlich, einschließlich deren Fehler. Dass Lévinas nun doch ein Element der artikulierten Sprache aufgreift – »Ich« als Akkusativ, als »mich« (vgl. AQE, 143) –, widerspricht nicht seinem Ansatz. Denn er hat ja festgehalten, dass das Gesagte eine »Spur« des »Sagens« aufbewahre. (AQE, 69) In einer späteren Publikation spricht er auch davon, dass biblischer Text »heilige Schrift« sei, bevor sie »geheiligter Text« werde. (ES, 361) Die Struktur derjenigen Sprachlichkeit, die das ursprüngliche Sagen/das Äußern dem Geäußerten/Gesagten überliefert, ist bei Lévinas eine Entsubjektivierung des »Ich« zum »Mich«.

Halten wir hier inne und fragen, wie die »sprachbezogene Wende« von *Autrement qu'être* mit etwas kritischer Distanz zu Lévinas eigentlich zu verstehen ist. Wie ist zu verstehen: Ich werde zum Zeichen, ohne dazu aufgerufen worden zu sein? Es bieten sich zwei Möglichkeiten an:

1. Das Äußern als das Einer-Aufforderung-Folge-Leisten ist ein Sprechakt.[63] Mit dem Äußern vollzieht der Mensch den Sprechakt, dass er einer Aufforderung Folge leistet. Äußerung wäre der illokutionäre Akt des Folgeleistens gegenüber Aufforderungen. Würde Lévinas so interpretiert, dann erscheint es aussichtslos, das »Gesagte«, d.h. die artikulierte und analysierbare Sprache, auf das Äußern (le dire) zu gründen. Denn dieser Sprechakt wäre zu speziell, um auch z.B. noch konstatierende Äußerungen zu erklären. Auch erscheint es unpassend, Lévinas mit der Sprechakttheorie zu vergleichen, weil diese ja zum Gebiet des »Gesagten« gehört, hinter das er zurückfragt.

2. Als eine andere Möglichkeit, die Lévinas eher gerecht würde, gilt: Er versucht mit dem »Äußern« eine nicht empirische Bedingung der Möglichkeit für artikulierte natürliche Sprachen zu geben. Aber auch dann bleibt ein Problem. Es fehlt eine Struk-

turierung des nicht empirischen Feldes, die das Einer-Aufforderung-Folge-Leisten in der Weise evident werden lässt, dass es nicht bloß als Verdopplung einer empirischen Bedingung erscheint.

Wie aber soll dann die sprachbezogene Wende von Lévinas verstanden werden? Es ist verfrüht, hier und jetzt endgültig urteilen zu wollen. Der Kritik stehen auch positive Aspekte gegenüber: Vielleicht könnte sich diese Sprachtheorie als anschlussfähig an zwei Traditionen erweisen, und zwar an die Wilhelm von Humboldts und an die Identifizierung des Unbewussten als Sprache bei Jacques Lacan.

Laut Humboldt ist die Sprache nicht wesentlich ein Regelwerk (ergon), sondern sie ist Vollzug des Sprechens (enérgeia). In dieser Tradition ist Sprache von dem Linguisten E. Coseriu auch als »Alterität« bezeichnet worden. Sprache ist, so schreibt Coseriu, »immer für den Anderen da«, auch dann, »wenn er das Ausgedrückte überhaupt nicht versteht«.

Verbindungen zwischen Lévinas und Lacan sind in der französischen Forschung längst hergestellt worden.[64]

Als Bilanz zu Lévinas' »sprachbezogener Wende« lässt sich also vermerken: In seinem zweiten Hauptwerk radikalisiert Lévinas den Gedanken eines noch vor allem Sprechen schon sprechenden Angesichts. Vorsprachliches Sprechen ist nicht mehr ein Verständigungsprozess getrennter Subjekte über ihr Getrenntsein. Die Subjektivität ist jetzt vielmehr in eine absolute Passivität des Äußerns verwandelt worden. Der Verlust der Aktivität und Selbstgegenwart sprechender Subjekte auf der Ebene der Signifikanten oder des Logos (das Gesagte, le dit) soll zur Erschließung einer unersetzbaren Sprachdimension des Äußerns führen, in der Existenzphilosophie und Poststrukturalismus positiv verbunden werden können.

Dieser Anspruch von Lévinas führt zu dem offenen Problem einer Legitimation der ursprünglichen Sprachdimension. Vielleicht besteht hierin ein Anlass, Lévinas' Überlegungen an Sprachkonzepte der Humboldt-Tradition bzw. an Lacan anzuschließen. Und nicht zuletzt hat Lévinas selbst den Anschluss an neue Deutungsmöglichkeiten dichterischen Sprechens am Beispiel von Paul Celan gesucht: Celans Lyrik vollziehe sich »vorsyntaktisch und vor-logisch«. Es entstehe eine »Sprache der Nähe um des Anderen willen« (NP, 50).

Auch wäre ein Anschluss an Stéphane Mallarmés (1842-1898) antirepräsentationistische Deutung von Sprache als Dichtung möglich. Mallarmé setzte bereits ein »Dire« einem gewöhnlichen und repräsentationistischen Sprachverständnis entgegen: »Im Gegensatz zu einer leichten und Sachen repräsentierenden Hartgeldfunktion, wie es die Menge zunächst behandelt, findet das Sagen (le Dire) – Traum und Gesang – vor allem bei dem Dichter [...] seine Möglichkeit wieder.«[65]

Politische Konsequenzen

Lévinas' extremer Humanismus impliziert eine Kritik dessen, was »Politik« besagt. Wie aus dem eingangs kommentierten Artikel »Judentum« ersichtlich wurde, schließt »Judentum« die Forderung ein, sich keinen Monopolansprüchen auf politische Macht moralisch zu beugen. *Totalité et infini* kann auch als philosophische Kritik politischen Totalitarismus gelesen werden. Die Widmung des zweiten Hauptwerks gilt den Opfern des Holocaust, »den Opfern desselben Hasses des anderen Menschen«. Der politische Totalitarismus wird von Lévinas nicht historisch oder soziologisch gedeutet, sondern gilt als eine Folge der monadischen Konzeption: Das Anderssein des anderen Menschen sollte als analoge Identität zu mir verstanden werden und verhält sich damit im Ansatz gewaltsam gegenüber der Andersheit des

Anderen. Folgt daraus, dass Lévinas »Politik« ausschließlich als eine Form des philosophischen Totalitätsdenkens sieht und dass mit dem Rückgang hinter die bisherige Philosophie aller »Politik« ebenfalls der Rücken zugekehrt wird?

Um den politischen Aspekt der Lévinas-Destruktionen der okzidentalen Philosophie zu verstehen, sei hier dreierlei angesprochen:

1. Wie versteht Lévinas generell Staat und Gerechtigkeit im Unterschied zu deren gängigem Verständnis?

2. Wie deutet Lévinas die Menschenrechte?

3. Wie stellt sich für Lévinas der Staat Israel dar?

Zu 1.: Lévinas allgemeine Überlegungen zum Politischen enthalten Äußerungen über Politik, Gerechtigkeit, Staat, Pluralismus und Frieden. Eine Tabelle mag die wichtigsten von ihm angedeuteten Alternativen zeigen:

Gegen	Für
Eine sich selbst überlassene Politik = Totalitarismus (TI, 276)	Eine Politik, die persönliche Gerechtigkeit einräumt (TI, 277; HS, 185)
Unpersönliche, neutrale Gerechtigkeit	Gerechtigkeit, die die Nähe zum Anderen bewahrt (AQE, 202 f.)
Totalen Staat	Familie außerhalb des Staates, aber von ihm zugestanden (TI, 283)
Pluralismus der Totalität von autonomen Ichen	Pluralismus der ethischen Zurechnung zum Anderen (TI, 283)[66]
Frieden als bloßes Ende der Kämpfe und als Konsequenz von Sieg und Niederlage	Frieden der »Nicht-Indifferenz gegenüber dem Anderen« (HS, 186)

Die Liste ist nach dem, was bisher zu Lévinas ausgeführt wurde, ansatzweise verständlich. Die bezeichnete Anarchie als Herrschaftslosigkeit schließt keinen politischen Anarchismus ein. Es erscheint, wie oben bemerkt, im Gesicht des Anderen ja auch immer der »Dritte«. Dadurch erfolgt beständig eine »Korrektur der Asymmetrie der Nähe« (AQE, 201). Es ist also für Lévinas nicht unsittlich, dass es Staat gibt. Nur muss der moderne Staat liberal sein (vgl. HS, 185), er muss das Prinzip der Familie zugestehen. Dieses Prinzip versteht Lévinas als »Fruchtbarkeit«. »Fruchtbarkeit« bedeutet in *Totalité et infini* eine doppelte Konkretisierung der Beziehung zum Anderen: Der Andere ist einerseits die anders bleibende *Frau* für den Mann (vgl. TI, 245); andererseits ist der Andere der *Nachkomme*. In der Beziehung zum Kind, so Lévinas, eröffnet sich eine Beziehung zum Anderen, die nicht Macht, sondern Zeitlichkeit ausdrückt: die »absolute Zukunft oder die unendliche Zeit« (TI, 246).

Zu 2.: Wie deutet Lévinas die Menschenrechte? In einem 1987 veröffentlichten Artikel, *Die Menschenrechte und die Rechte des anderen Menschen*, führt er aus, dass die Menschenrechte durch denselben Geist, dem sie ihre Entstehung verdanken, gegenwärtig gefährdet seien: Die Rationalität der Wissenschaften und der Technik war einst Bedingung dafür, dass die Menschenrechte auftraten und respektiert wurden. Die Rechte auf Leben und Sicherheit, auf freien Besitz und Gleichheit aller vor dem Gesetz gründeten sich auf eine kognitive Vorstellung vom Menschen, auf ein Wissen, das der Mathematisierung der Natur in der Neuzeit entsprechen sollte. Die Praxis der Menschenrechte war in diesem Sinn eine »rationale Disziplin« (HS, 180 f.). Inzwischen jedoch ergeben sich aus der alten Rationalität zwei Gefahren: Die Technik entwickelt sich für den Menschen als faktischer Determinismus, der jene für die Menschenrechtswahrnehmung vorausgesetzte Freiheit gefährdet. Politischer Totalitarismus ist eine

Praktik dieses technomorphen Determinismus. (Vgl. HS, 182) Die Menschenrechte werden von der Macht des modernen Staates durch eine Vorstellung von »Frieden« verdrängt, der unsicher und »stets prekär« bleibe. Deshalb erfolgt die Verteidigung der Menschenrechte unter Berufung auf etwas, was außerhalb des Staates liegt, vergleichbar mit der Stimme der alttestamentlichen Propheten gegenüber der Politik ihrer Zeit. (Vgl. HS, 184 f.)

Lévinas nutzt den Vergleich der Berufung auf Menschenrechte mit dem sozialreformerischen Mahnruf der Propheten, um sein eigenes Anliegen im Hinblick auf die Menschenrechte zu formulieren: Die Tradition der Menschenrechte begeht danach den Fehler, von der Freiheit der Person auszugehen. Meine Freiheit stellt dabei aber immer schon die Negation der Freiheit aller anderen dar. Gerechtigkeit könne daher nur in dem Kompromiss wechselseitiger Freiheitsbeschränkung bestehen. Gerechtigkeit benötige jedoch eine andere Autorität als die von Willensansprüchen und Willensgegensätzen. Der Grund der Menschenrechte ist meine Nicht-Indifferenz gegenüber dem Anderen. An die Stelle einer von meiner Freiheit ausgehenden Begründung der Menschenrechte rücken die Menschenrechte als »Rechte des anderen Menschen und als Verpflichtung für mich« (HS, 187).

Damit wird ein Lévinas ständig beschäftigendes Thema berührt: Wie muss *Gerechtigkeit* gedacht werden, wenn sie nicht als reziprokes Anerkennen von Freiheitsansprüchen bestimmt wird? Die ursprünglich ethische Dimension ist für Lévinas asymmetrisch: Ich bin für den Anderen. Meine Verpflichtung für den Anderen stammt nicht aus meiner Freiheit und ihrem Engagement, sondern aus der nur in Kategorien ursprünglicher Passivität denkbaren Schöpfung. Das Auftreten des Dritten in der asymmetrischen Beziehung korrigiert die Asymmetrie der Nähe zum Anderen in Richtung auf Universalität. Wird damit aber nicht die ethische Nähe verdrängt? Lévinas schreibt: »Die Gerechtigkeit ist unmöglich, ohne dass der, der sie widerfahren lässt, sich selbst in der Nähe zum Anderen befindet. Seine Funktion beschränkt sich nicht darauf, ›Funktion von Beurteilung‹ zu sein, d.h. spezielle Fälle unter die allgemeine Regel zu subsumieren. Der Richter steht nicht außerhalb des Konflikts, sondern das Gesetz ist im Inneren der Nähe selbst. Die Gerechtigkeit, der Staat und seine Institution – der Tausch und die von der Nähe aus verstandene Arbeit – all das bedeutet, dass nichts sich der Kontrolle der Verantwortung des einen für den Anderen entzieht.« (AQE, 202 f.)

Die Gerechtigkeit würde also allenfalls in der Form ihres Missbrauchs die ethische Nähe widerrufen. Strukturell soll Gerechtigkeit nur so möglich sein, dass sie sich nicht als Neutralisierung meiner Nähe zum Anderen vollzieht. Wie dies zu verstehen ist, wird allerdings bei Lévinas nicht recht deutlich. Es könnte sein, dass Folgendes bezweckt wird: Die okzidentale Trennung von Legalität und Moralität soll überwunden werden. Gerechtigkeit soll nicht mehr rein legalistisch in der 3. Person auftreten, in der bloß die gegenseitige Nichtbeeinträchtigung der Freiheiten geregelt und garantiert wird. Gerechtigkeit ist vielmehr moralisch zu deuten, als Verhältnis der 1. Person zur 3. Person über die Nähe, also über das Verhältnis zur 2. Person, zum »Du«. Das führt zu weiteren Problemen, die am Schluss angesprochen werden sollen.

Zu 3.: Wie stellt sich für Lévinas der Staat Israel dar? Der eingangs besprochene Artikel »Judentum« besagt, dass die Gründung des Staates Israel als Zeichen der Lebendigkeit des Judentums jenseits aller historischen Relativierungen gilt. Für Lévinas besteht diese Lebendigkeit nicht in der Erfüllung einer »antiken Verheißung«, sondern darin, dass mit dem Staat Israel die Möglichkeit geschaffen wird, »das soziale Gesetz des Judentums zu erfüllen« (DL, 282). Die Juden seien das einzige Volk, das »sich durch eine Doktrin von Gerechtigkeit« definiere. Dadurch werde das bloß Politische überschritten. Es sei »das letzte Ziel des Zionismus«, einen Staat zu errichten, »wo sich die prophetische Moral und die Idee ihres Friedens verkörpern sollen« (AV, 227 f.). Dieser Frieden schließt Frieden mit den arabischen Völkern ein. In der Friedensofferte des ägyptischen Präsidenten Sadat von 1977 erblickt Lévinas entsprechend auch mehr als ein nur politisches Ereignis. (Vgl. AV, 222) Die überpolitische Chance des Staates Israel besteht am Ende darin, dass sich hier Bedingungen für jenen innerweltlichen Messianismus bilden, der die politische Ordnung übersteigt zu einem »planetarischen Okzident der Ankunft des Messias« (LT, 44).

Die Position von Lévinas gegenüber dem Staat Israel ähnelt also jener Auffassung, wonach sich auf dem Territorium Israels das transpolitische Ereignis der Ankunft des Messias vollzieht. Im Unterschied zu dieser »ultraorthodox« genannten Auffassung sieht Lévinas keinen Grund dafür, weshalb der Messianismus hier und jetzt staatliche Institutionen ausschließt. Lévinas teilt nicht die transpolitische Konsequenz der jüdischen Ultraorthodoxie. Aus seiner Ethik folgt, dass der Staat nur als liberaler Staat erlaubt ist, der die als »Rechte des anderen Menschen und als Verpflichtung für mich« umgedeuteten Menschenrechte zur Geltung bringt. Inwiefern dies als gemeinsamer Nenner aller politischen Optionen innerhalb Israels gelten kann, muss hier unentschieden bleiben. Aus Lévinas' Ethik ursprünglicher Anarchie und Gewaltfreiheit folgt jedoch auch eine Verstärkung derjenigen israelischen Stimmen, die den Gewalteinsatz als Mittel zur Sicherung des Friedens mit den anderen Menschen (den Nicht-Juden) aus ethischen Gründen ablehnen.

Zu Lévinas' Einschätzung des Staates Israel ist noch jenes Interview zu ergänzen, das Shlomo Malka am 28. September 1982 mit Lévinas und Alain Finkielkraut führte. Es bezieht sich auf das Massaker an Hunderten von Zivilisten, das im libanesischen Sabra und Chatila von christlichen Milizen am 14. September 1982 verübt wurde. Für dieses Massaker trägt auch die damalige israelische Regierung insofern die Verantwortung, als sie ausdrücklich mit dem Ziel im Libanon intervenierte, Gewalttaten zu verhindern. Die israelischen Soldaten indessen behinderten die Milizen nicht, sondern schauten dem Morden tatenlos zu. Seán Hand hat in ihrem Lévinas-Reader jenes Interview abgedruckt. Wie reagiert Lévinas? Obwohl mehrfach im Verlauf dieses Interviews auf die Mitschuldfrage der Israelis angesprochen, weicht er einer gezielten Stellungnahme aus. Er spricht zwar von einer »Katastrophe« und von »Ereignissen, von denen wir wünschten, sie wären nicht geschehen«, aber im Ganzen tendiert er nur zur Erläuterung seiner allgemeinen philosophischen Position. Als Shlomo Malka ihn fragt, ob der »Andere« nicht vor allem der Palästinenser sei, gibt Lévinas eine Antwort, die vieles von dem verschenkt, was seine Ethik, insbesondere für eine künftige Regelung des israelisch-arabischen Konflikts, an Versöhnungspotenzial enthält:

Shlomo Malka: »Emmanuel Lévinas, Sie sind der Philosoph des ›Anderen‹. Ist nicht die Geschichte, ist nicht vor allem die Politik die Begegnung mit dem ›Anderen‹, und ist für die Israelis nicht der ›Andere‹ vor allem der Palästinenser?«

Emmanuel Lévinas: »Meine Definition des Anderen ist gänzlich anders. Der Andere ist der Nachbar, der nicht notwendig blutsverwandt ist, aber der es sein kann. Und in diesem Sinn ist man für den Nachbarn, wenn man für den Anderen ist. Wenn jedoch dein Nachbar einen anderen Nachbarn angreift oder ihn ungerecht behandelt, was kannst du tun? Dann nimmt die Andersheit einen anderen Charakter an, und wir können in ihr einen Feind finden. Zumindest sind wir dann mit dem Problem konfrontiert herauszufinden, wer Recht oder Unrecht hat. Und es gibt Leute, die Unrecht haben.«[67]

Von dem sozialreformerischen und universalistischen Atem der altisraelischen Propheten ist in dieser Äußerung nichts zu spüren. Lévinas gibt auch Möglichkeiten preis, mit seinem Denken in Opposition zur israelischen Besatzungspolitik zu treten, wenn er von den »schmerzhaften Notwendigkeiten der Besetzung« (AV, 220) spricht.[68]

Der Staat Israel steht vor einem in der internationalen politischen Sprachregelung nicht gern bezeichneten Dilemma: Erteilt er seinem gesamten Staatsvolk das volle Wahlrecht, so würde er sich über Nacht infolge der antiisrealischen Palästinenserstimmen auflösen. Wird dagegen auf eine gewaltsame Kontrolle der Palästinenser gesetzt, so besteht das latente Risiko einer Wiedereinführung der arabischen Ölwaffe und damit unübersehbar riskante ökonomische Konsequenzen für die EU und die USA. Das Dilemma ließe sich lösen, sofern den Palästinensern Autonomie zugebilligt und ihre wirtschaftliche Prosperität gefördert würde. Doch auf Dauer würde zur Lösung dieses Dilemmas auch ein weltanschaulich-philosophischer Dialog zwischen Islam und Judentum gehören. Wünschenswert wäre, dass dabei die lévinassche Ethik des Anderen im Verein mit dem Votum Martin Bubers für eine jüdisch-arabische Kooperation eine verbindliche und verbindende Rolle spielte.

Aus Lévinas' Ethik würde folgen: Nicht allein jeder durch Terroranschläge getötete Israeli, sondern auch jeder durch präventive Liquidierung oder massive Vergeltung getötete Palästinenser stellt einen *Angriff auf das Judentum* dar. Es ist zu bedauern, dass Lévinas diese Folgerung nicht mehr ausdrücklich hat ziehen können. Nicht zu rechtfertigen ist jedoch, wenn Lévinas-Interpreten der Frage nach einer Anwendung dieser Ethik auf eine notwendig gemeinsame Zukunft von Juden und Arabern häufig ausweichen.[69] War der so genannte Friedensprozess von Oslo eher eine Modernisierung der israelischen Besatzungspolitik, so gibt es in der Tat gänzlich andere Ansätze zu einer jüdisch-arabischen Architektur der Zukunft.[70]

4. Pro und kontra Lévinas

Lévinas ist auch Einwänden ausgesetzt. Aber das spricht nicht dagegen, dass er eine Philosophie vorlegte: Philosophie fordert Fragen und Einwände heraus. Einwände setzen umgekehrt voraus, dass eine Philosophie tatsächlich vorliegt und ernst genommen wird. Im Übrigen geschieht in Frankreich mit Lévinas' Ethik, was in Deutschland höchstens mit längst durch Traditionen abgesegneter Ethik geschieht: Sie findet Eingang in Überlegungen, die außerhalb der Philosophie sich Fragen der Ethik nähern, so z.B. in dem in Frankreich weit verbreiteten Buch *Der aggressive Mensch* des Neurophysiologen Pierre Karli.[71]

Im Folgenden werden zunächst die philosophisch wichtigsten Kritiken in zwei Gruppen zusammengestellt. Im Anschluss daran wird ein Problem der Ethik angesprochen, das Lévinas' Philosophie erzeugt hat. Die Erörterung der Einwände gegen bzw. Bestätigungen von Lévinas soll im Ganzen auch dazu dienen, seine Lehrstücke noch einmal, nunmehr aber mit einer methodisch größeren Distanz, deutlich werden zu lassen.

Einwände und Bestätigungen aus der idealistischen Tradition (Renaut, Ricœur)

In dem 1989 publizierten Buch *L'ère de l'individu. Contribution à une histoire de la subjectivité* (Die Ära des Individuums. Beitrag zu einer Geschichte der Subjektivität) versucht Alain Renaut u.a. einen Subjektbegriff gegen die Destruktionsversuche von Lévinas zu verteidigen. Renaut findet dabei Anschluss an die Tradition der Ethik Kants. Lévinas' Konzept wird zunächst korrekt als Wendung gegen eine monadisch verstandene Subjektivität referiert. Am Schluss jedoch mündet Renauts Darstellung in eine doppelte Kritik von Lévinas' Unternehmen:

1. Lévinas bezeichne zwar scharf die Neigung der neuzeitlichen Subjektivitätsbegriffe, von abgeschlossenen, fensterlosen Monaden auszugehen, aber Lévinas' Denken laufe darauf hinaus, »Autonomie und Unabhängigkeit zu verwechseln«. Lévinas entgehe, dass »in der Idee der Autonomie die Öffnung zum Anderen schon eingeschlossen ist«.

2. Wenn, wie Lévinas will, Subjektivität passivische Unterwerfung unter einen anfangslosen Pflichtaufruf ist, wie kann sie dann noch Verantwortung sein? Wenn, mit anderen Worten, die moralische Abgeschlossenheit der Subjekte durch »Transzendenz« aufgebrochen wird, so kann die Öffnung zum anderen Menschen doch nur *in* der Immanenz des Subjekts, nicht gegen sie erfolgen.

Man erkennt, dass Renaut mit Lévinas einen wichtigen Schritt gemeinsam geht. Ein moralisches Gesetz, eine Pflicht, soll durchaus als etwas verstanden werden, was *von außen* die moralische Subjektivität aufbricht. Nur reiche es nicht, so lauten die beiden Einwände zusammen, bei diesem Außen stehen zu bleiben. Und das besagt für Alain Renaut: Das autonome Subjekt ist dasjenige, das sich in seiner Autonomie dem anderen Subjekt öffnet.[72]

Diese Kritik an Lévinas kann nur dann plausibel wirken, wenn unterstellt wird, dass Lévinas und die Ethik Kants sich irgendwo treffen, sich ergänzen. Es ist nicht auszuschließen, dass dies möglich ist. Nur läuft die Argumentation von Renaut darauf hinaus, diese Frage schon vorab entschieden zu haben. Für eine Beurteilung von Lévinas bedeutet das jedoch nichts anderes, als dass er lediglich einen Beitrag zur besseren Deutung moralischer Autonomie der Subjekte liefern würde. Er zeigt dann, dass ein fensterloses, moralisches Subjekt zur Pflicht von außen bestimmt wird. Es ist jedoch nicht erkennbar, dass Lévinas nach zusätzlichen Stützungen von Autonomie und Intentionalität sucht. Im Gegenteil: Er bestreitet gerade, dass ein autonomes Subjekt überhaupt in der Lage ist, dem anderen Menschen als absolut Anderem zu begegnen. Und er bestreitet auch, dass ein autonomes Subjekt zu mehr in der Lage ist, als sich dem Anderen nur unter der Bedingung der Wahrnehmung seiner eigenen Selbsterhaltung zuzuwenden. So betrachtet, erscheint die Kritik von Alain Renaut an Lévinas wie der Versuch, das eine zu tun (Hinwendung) und das andere nicht zu lassen (Kritik). Stattdessen legt die Position von Lévinas nahe, entweder das eine oder das andere zu tun.

Im Ansatz vergleichbar mit Renaut ist die von Paul Ricœur 1990 vorgelegte Auseinandersetzung mit Lévinas in seinem Buch *Soi-même comme un autre* (Das Selbst als ein anderes, als ein anderer). Wie der Titel bereits anzeigt, soll hier der Versuch unternommen werden, das »Selbst« der philosophischen Tradition (seit der Antike, bei Descartes, Kant, Hegel, Husserl, aber auch bei zeitgenössischen Philosophen wie John Rawls oder P.F. Strawson) so transformiert zu denken, dass es die Andersheit bereits selbst enthält.

Ricœur gibt deutlich zu erkennen, dass die Philosophie von Lévinas für ihn eine Provokation darstellt, die Beziehung zwischen Ego und Alter neu zu bedenken. Seine These lautet: Wir besitzen durch Lévinas gegenüber der bisherigen Redeweise eine zweite Möglichkeit, vom Anderen zu reden. Husserl wollte das Alter Ego vom Ego aus zeigen. Lévinas will hingegen dem anderen Menschen »die exklusive Initiative der Zuweisung des Selbst zur Verantwortung« reservieren. Demgegenüber komme es darauf an, eine dritte Art der Andersheit zu denken, die sowohl Husserl als auch Lévinas gerecht werde, ohne den Mangel der Einseitigkeit beider Positionen festzuschreiben. Ricœur nennt dieses dritte Konzept von »Alterität« ein »gekreuztes Konzept, d.h. eine Kreuzung aus Selbstachtung und dem Aufruf zur Gerechtigkeit durch den Anderen«[73].

Ricœur geht über die Abwehrhaltung Renauts hinaus, für den Autonomie immer schon einschließt, was Lévinas ihr abspricht: Verantwortung für den Anderen. Bei Ricœur ist stattdessen zu beobachten, wie versucht wird, die im Grunde philosophisch-idealistische Position eines Selbst, das immer schon über Bezüge zum anderen Selbst vermittelt ist[74], mit Lévinas' Sprengung auch dieses Idealismus zu vereinbaren. Ricœur versucht letztlich eine Synthese: Der philosophische Idealismus eines »Selbst« ist zu bereichern um das von Lévinas entdeckte »Außen« zur Intentionalität. Umgekehrt jedoch soll auch Lévinas' Überschreitung der bisherigen Tradition wieder in diese eingeschrieben werden.

Ricœur beginnt seinen Syntheseversuch mit der Behauptung, es ergebe keinen Widerspruch, Husserls Bewegung vom Selben zum Anderen mit Lévinas' Bewegungsrichtung vom Anderen zum Selben zu verbinden. Das Phänomen des Versprechen-Gebens setze bereits beides voraus: »Wenn ein Anderer sich nicht auf mich verlassen würde, wäre ich dann in der Lage, mein Wort zu halten?«[75] Die Bewegungen sollen also in beide Richtungen verlaufen, nicht nur von mir zum Anderen (wie bei Husserl) und auch nicht nur vom Anderen zu mir (wie bei Lévinas). Ricœurs eigener Vorschlag lautet: »Die Passivität des Auferlegtseins besteht in der Situation des Hörens, in der das ethische Subjekt sich in Beziehung zu der Stimme befindet, die an es in der zweiten Person gerichtet wird. Sich in der zweiten Person angerufen fühlen, und zwar mitten in dem Wunschmodus des guten Lebens, dann abgerufen werden mit dem Tötungsverbot, dann mit einer situationsgerechten Wahl, bedeutet, dass man es für sich als auferlegt anerkennt, *gut und mit für die Anderen gerechten Institutionen zu leben und sich selbst zu achten, insofern man Träger dieses Wunsches ist.* Die Andersheit des Anderen ist dann das Gegenstück [...] dieser spezifischen Passivität des Auferlegtseins.«[76]

Ricœur arbeitet hier mit einer neuen Bildung, dem »Auferlegtsein« (l'être-enjoint). Diese Fügung erscheint bei Lévinas selbst nicht, soll aber zugleich wiedergeben, was Lévinas über Husserl hinaus erschlossen hat: dass die Verpflichtung vom Anderen als »Auferlegung« (injonction) ausgeht.

Ricœurs Reintegrationsversuch von Lévinas' Philosophie des Außen, der Transzendenz des anderen Menschen in das idealistische Konzept von Selbst und Selbstvollzug bemängelt zweierlei an Lévinas:

1. Lévinas versteift sich auf eine Vorstellung von Andersheit, die ausschließlich die Andersheit des anderen Menschen darstellt. Es ist jedoch, so Ricœur, daran zu erinnern, dass es zwei weitere Gestalten von Andersheit gibt, nämlich zum einen die von Heidegger in *Sein und Zeit* entwickelte »Faktizität« des Daseins des Menschen in der Welt und zum anderen die im Selbst eingeschlossene Andersheit: das »Auferlegtsein als Struktur der Selbstheit«[77].

2. Wenn, wie Lévinas gegenüber der bisherigen Tradition behauptet, die Andersartigkeit des anderen Menschen nicht in ein Konzept meiner selbst als Bewusstsein integrierbar ist, so behält diese anders bleibende Andersheit eine Mehrdeutigkeit: Von wem geht die Bewegung des Auferlegens in meine Richtung aus? Von einem anderen Menschen? Von einem »Gott«? Einem »lebendigen Gott«? Einem »abwesenden Gott«? Oder von einem

»leeren Platz«?[78] »Wer war es? Ein Freund? Ein guter Mensch? Einer, der teilnahm? Einer, der helfen wollte? War es ein einzelner? Waren es alle? War noch Hilfe?« – so lauten die offenen Fragen in Bezug auf die sich aus einem Fenster beugende Figur am Ende von Kafkas *Prozess*, als Josef K. ermordet wird. Ricœur erwähnt diese Stelle nicht, aber sie setzt seine Fragen fort. Ricœur schließt mit dem bedenkenswerten, sich seinen Fragen anschließenden Satz: »An dieser Schwierigkeit des Anderen kommt der philosophische Diskurs zum Stehen.«[79]

Wie zuvor Alain Renaut versucht auch Ricœur, zwischen der Tradition des autonomen Selbst und dessen Öffnung zum Anderen zu vermitteln. Im Unterschied zu Renaut belässt es Ricœur aber nicht bei dem traditionellen Autonomiekonzept, sondern versucht, dieses durch ein »Auferlegt-Sein« zu ergänzen. Der Gedanke der doppelten Richtung – der Andere wird vom Ich aus erkenntnismäßig konstituiert, und mir wird vom Anderen die Pflicht, nicht zu töten und in gerechten Institutionen zu leben, auferlegt – erscheint plausibel. Angenommen also, man würde sich auf einen Synthesevorschlag Ricœurs einigen können. Dann bliebe Lévinas' Philosophie jedoch unterschätzt. Der Grund: Für Lévinas existiert keine erkenntnismäßige Annäherung an den anderen Menschen. Der Andere ist keine erkennbare Tatsache außer mir. Die sich als Gesicht darstellende Andersheit des Anderen gibt sich nicht im Modus des Sehens und des Erkennens von Gesehenem, sondern als Sprechen. Dagegen lässt sich sicherlich philosophisch protestieren, indem Sehen und Erkennen zu Voraussetzungen erklärt werden, unter denen der Andere überhaupt erscheinen kann. Ein solcher Protest ergibt jedoch eine andere Philosophie als die von Lévinas, nämlich z.B. die Husserl-Phänomenologie. Die Vereinbarkeit der Richtungen, die Ricœur anstrebt, setzt eine Gleichgewichtigkeit der Richtungen voraus. Lévinas schließt

Gleichgewichtigkeit jedoch aus: Der Andere begegnet nicht einem Ich, von dem der Andere schon zuvor erkenntnismäßig als Alter Ego konstituiert wurde. Um eine Synthese zwischen Phänomenologie (Erkennen des Anderen) und Lévinas (Vom-Anderen-angerufen-Werden) zu erzielen, muss Ricœur sich schon zuvor über die Destruktion hinwegsetzen, die Lévinas mit der Möglichkeit betreibt, dass ich den Anderen erkenne, bevor er mich aufruft.

Damit ist nicht gesichert, dass Lévinas gegen Ricœur Recht behält. Es könnte ja auch sein, dass Lévinas Revisionen der traditionellen Philosophie auslöst, ohne dass sein Konzept zutreffend ist. Festzuhalten ist vorerst nur, dass Ricœur fälschlich glaubt, Lévinas' Bezug auf den Anderen mit Husserls Phänomenologie verbinden zu können.

Einwände und Bestätigungen aus dem Poststrukturalismus (Derrida, Lyotard)

Derrida und Lyotard haben sich beide mit Lévinas auseinander gesetzt. Speziell bei Derrida ist zu beobachten, dass aus Distanzierungsbewegungen im Laufe der Jahre Annäherungen wurden.

Zunächst zu Derrida. Wir verdanken ihm den sehr ausführlichen Essay *Gewalt und Metaphysik. Essay über das Denken von Emmanuel Lévinas*, der zuerst 1964 erschien und sich vor allem auf *Totalité et infini* bezieht. Diese Arbeit bietet die bisher eindringlichste und kritischste Auseinandersetzung eines zeitgenössischen Denkers mit Lévinas. In jeder Zeile wird die Herausforderung spürbar, die Lévinas für Derrida bedeutet. Die entscheidende Provokation bezeichnet Derrida selbst am Ende als Herausforderung des »griechischen Logos« durch die Lévinas-These vom

»Einbruch des Ganz-Anderen«[80]. Die spätere Annäherung von Derrida an Lévinas (und von Lévinas an Derrida) setzt nicht unbedingt die Hellsichtigkeit der frühen Derrida-Kritik außer Kraft. Aus Gründen der Klarheit seien zwei Kritiken herausgegriffen:

1. Lévinas benutzt die von der griechischen Philosophie bereitgestellten Mittel der Rede von Sprache und Sein (beide als Logos), um *gegen* die griechische Philosophie zu denken. Daher stellt sich die Frage, ob sich die Destruktion der Totalität und der Reduktion des Anderen auf die Selbigkeit nicht schon im Ansatz selbst zerstöre. Derrida bejaht diese Frage, spart nicht mit schärfster Zurückweisung, lässt aber gegen Ende erkennen, dass Lévinas ein Anliegen verfolgt, das nicht unmöglich sei, sondern das die Selbstartikulation der bisherigen Philosophie auf den Plan rufe.

Kritik ergibt sich für Derrida in dieser Hinsicht zunächst an der Möglichkeit, die Andersheit, das Außen überhaupt *sprachlich* zu artikulieren. Indem Lévinas das »Unendliche« als positives Anderes gegen die Tradition denken wolle, müsse er es in der Sprache schon verraten, nämlich bloß durch das eine Negation ausdrückende Wort »Un-endliches« benennen. Letztlich laufe das Unternehmen von Lévinas darauf hinaus, nicht nur »eine Ethik ohne Gesetz, sondern auch eine Sprache ohne Sätze« zu bieten. Ferner müsse Lévinas, so Derrida in dieser Hinsicht weiter, das »Sein« voraussetzen. Denn jede Bestimmung, auch die des Ethischen, setze »das Denken des Seins voraus«.[81]

2. Den schärfsten Ton gegen Lévinas nimmt Derrida dort an, wo er Husserls Lehre von der Intersubjektivität im Zusammenhang von Lévinas' Optionen zu deren Überschreitung behandelt.[82] Lévinas, so Derrida, unterstellt mit Sartre, dass man dem anderen Menschen *begegne*, nicht aber, dass man ihn *konstituiere*. Der Andere kann demnach nicht gesetzt, sondern nur faktisch

angetroffen werden. Diese Auffassung zeige, so Derrida, dass überhaupt nicht verstanden worden sei, was Husserl mit »konstituieren«, »Konstitution« meint. Die Konstitution lasse sich gar nicht der Begegnung entgegensetzen. Die Phänomenologie biete keine »Konstitution von Horizonten«, in denen sich etwas zeigt, sie beschreibe vielmehr »Horizonte der Konstitution«. Für die Begegnung mit dem anderen Menschen bedeutet das: Ohne dass sich »dort« jemand als Phänomen zeigt, kann ihm keinerlei Menschsein zugesprochen werden. Und darin, dass der Andere bei Husserl ein anderes Ich (Alter Ego) sei, werde ihm gerade seine stets anders bleibende Andersheit zugesprochen und bewahrt.

Inzwischen hat sich allerdings zwischen Lévinas und Derrida etwas in der Geschichte der Philosophie Seltenes ereignet: ein gegenseitiger Lernprozess. Lévinas hat nach *Totalité et infini* die ontologische Sprache vermieden, hat die derridasche Konstruktion auf der Ebene von Signifikanten und Signifikaten übernommen und seine Analysen auf das vorsprachliche Äußern konzentriert. Und Derrida? 1980 veröffentlichte er *In diesem Augenblick selbst, in diesem Werk bin ich für dich.*[83] Herausgegriffen sei hier lediglich zweierlei.

In einer Hinsicht deckt Derrida einen der vielleicht wichtigsten und weiterführenden Aspekte der Sprachkonzeption von *Autrement qu'être* auf. Ausgehend von Lévinas' Satz »Verantwortung, die vermutlich vor dem auf dem *Gesagten* beruhenden Diskurs das Wesen der Sprache ist (le langage)« (AV, 157), bemerkt Derrida, dass hier eine Bedingung für Sprache benannt sei, die vom artikulierten Sprachzeichen (das Gesagte/das Geäußerte/le dit) auch verfehlt werden könne. Und dennoch gelte: »Diese Verantwortung verleiht der Sprache (le langage) die Bewegung.« Ohne Verantwortung gebe es für den Anderen keine Sprache, aber es besteht zugleich keine Gewähr, dass die Sprache diesem sie ermöglichenden Grund auch wirklich entspricht.[84] Damit verstärkt Derrida die oben bezeichnete »Alteritäts«-Dimension der Sprache bei Lévinas und ergänzt sie durch einen dynamischen Aspekt: Sprache ist nicht nur Signifikantenartikulation, sondern Bewegung hin zu etwas, d.h. zum anderen Menschen.

Kritisch verhält sich Derrida in anderer Hinsicht zu einem Zug bei Lévinas, den er als »Sekundarisierung« des Geschlechterunterschiedes bezeichnet. Die Differenz zwischen Männlichkeit und Weiblichkeit werde dem »ganz Anderen« untergeordnet, aber dieses Andere sei von Anfang an maskulinisiert: »Es findet sich immer, dass das ganz Andere, das *noch nicht markiert* ist, sich bereits markiert findet durch Männlichkeit (er – vor er/sie; Sohn – vor Sohn/Tochter; Vater – vor Vater/Mutter usw.).« Hier zeige sich, so Derrida weiter, eine »tiefe Komplizenschaft« von Lévinas mit einer gewissen Interpretation der Psychoanalyse, die stets die Geschlechterdifferenz als sekundär betrachte.[85] Gemeint ist selbstverständlich der hier nicht genannte Lacan. Auch diese Kritik dürfte zu den Tagesordnungspunkten einer künftigen philosophisch produktiven Auseinandersetzung mit Lévinas gehören. (Vgl. besonders zu diesem Thema: SaS, 122-149)

Um Spuren der Annäherung Derridas an Lévinas zu markieren, sei auf zwei Bemerkungen Derridas hingewiesen: »Gegenüber einem Denken wie dem von Lévinas habe ich niemals einen Einwand. Ich bin bereit, alles zu unterschreiben, was er sagt [...]. Ich habe versucht, eine Reihe von Fragen an Lévinas bei seiner Lektüre zu stellen, handle es sich um sein Verständnis vom griechischen Logos oder beispielsweise um seine Strategie und sein Denken der Weiblichkeit. Aber das, was sich hier vollzieht, reiht sich nicht in Nichtübereinstimmung oder Distanz ein.«[86] Und in einer langen Fußnote seines 1987 publizierten Buches *De l'esprit. Heidegger et la question* übernimmt Derrida gegenüber

Heidegger die Lévinas-Rede einer vor allem Geäußerten schon geschehenen Verpflichtung.[87]

Das Verhältnis zwischen Lyotard und Lévinas ist nicht vergleichbar wechselseitig geworden wie das zwischen Lévinas und Derrida: Lévinas nimmt Lyotard wesentlich nur als Votum für »Postmoderne« wahr, während Lyotard sich gleichsam Lévinas zu verschreiben begonnen hat. Lyotard praktiziert insofern die Asymmetrie der von Lévinas beschriebenen ethischen Beziehung des Daseins-für-den-Anderen. Diese Bezüge wurden bereits an anderem Ort dargelegt, sodass hier eine Zusammenfassung genügen möge.[88]

1. In seinem Hauptwerk *Le différend* (Der Widerstreit) deutet Lyotard an, dass Lévinas' ethische Rede Opfer eines nicht schlichtungsfähigen Widerstreits mit der sokratischen Rede der Totalität werde: Meine Beziehung zum Anderen wurde »verbreitet und neutralisiert« in der Rede in der 3. Person von »dem« Ich, »dem« Du.[89]

2. Lévinas stelle sich mit Recht dem griechischen Denken und seiner Ungeduld des Rechenschaftgebens entgegen, das sich inzwischen als unfähig erwiesen habe, Widerstand gegen eine technizistische Zeitkontrolle zu leisten. Die gänzlich andere jüdische Tradition setze dagegen auf Hören und Interpretieren, das seinerseits weiter interpretiert werde. Mit einem Seitenhieb auf Heidegger bemerkt Lyotard, dieser habe, fixiert auf die griechische Philosophie, die jüdische Alternative »vollständig verfehlt«[90].

Lévinas und das Dilemma theologischer Ethik

Lévinas wäre – er selbst würde dies nicht so gesehen haben, weil er sich theologisch auf die jüdische Tradition beschränkt – auch mit der außerrationalen Grenzerfahrung jenes ca. 85 n. Chr. geborenen Marcion vergleichbar, für den Gott fremd, der Andere bleibt, die traditionelle moralische Trias von Schöpfer, Gesetzgeber und Richter der Welt verliert und somit weder zürnt noch straft, sondern, wie Adolf von Harnack schreibt, »ausschließlich die verkörperte, erlösende und beseligende Liebe[91]« ist. Dieses Gottesbild kehrt übrigens an der Wende zum 20. Jahrhundert bei dem früh von Lévinas rezipierten Tolstoi, in Gorkis Drama *Nachtasyl* und im Chandos-Brief Hofmannsthals wieder.[92]

Auschwitz führte, so viel ist sicher, zu Änderungen der philosophischen Theologie des Judentums, die in ihren Konsequenzen noch gar nicht absehbar sind. Hans Jonas votiert für die Verabschiedung der absurden Vorstellung eines allmächtigen Gottes, denn Allmacht wäre ohne Begrenzung und damit ohne Macht über anderes und als solche keine Macht mehr. Jonas schlägt einen Gott der »Machtentsagung« vor, der nach Auschwitz angemessen sei.[93] Lévinas spricht von einem nicht präsentierbaren, immer schon vorübergegangenen Gott, der nach Auschwitz gemäß sei und uns dem Angesprochenwerden durch den anderen Menschen ausliefert. Mit seiner Betonung des Anders- und Fremdbleibens der Gottheit vertritt Lévinas, ohne es zu beabsichtigen, nicht nur vergleichbare Vorstellungen wie der fremde, liebende Gott des Marcion, sondern auch wie die Kabbala, deren ältestes anonymes Zeugnis laut G. Scholem besagt: »Gott in sich selbst, als absolutes Wesen, ist, da er seiner Natur nach nicht Gegenstand einer Mitteilung an andere sein kann, auch in den Urkunden der Offenbarung, in den kanonischen Schriften der Bibel und der rabbinischen Tradition überhaupt nicht angedeutet.«[94] Beachtlich ist auch die Tatsache, dass die Theologie der Opfer des Holocaust sich in Grundzügen wandelt, während die theologischen Grundzüge der Religion der Täter sich in keiner der Konfessionen ändern.

Will man Lévinas' Ethik ein- bzw. zuordnen, so bietet sich an, sie als eine theologische Ethik zu verstehen. Theologische Ethik bedeutet, dass moralisch Richtiges durch göttliche Autorität moralisch richtig wird. Moralisch gut ist, was gottgefällig ist. Wenn eine Gottheit z.B. gebietet, nicht zu lügen, so ist Lügen moralisch falsch, nicht weil es uns intuitiv als unmoralisch gilt oder weil es sozialen Traditionen widerspricht, sondern weil es dem Gebot einer Gottheit widerspricht.

Trifft es jedoch zu, dass auch Lévinas eine theologische Ethik liefert? Betrachten wir das grundlegende Beispiel des Gebotes »Du sollst nicht töten!« Wo wäre bei Lévinas eine Begründung des Tötungsverbots unter Berufung auf eine es gebietende göttliche Autorität zu finden? Das Gesicht des Anderen spricht in seiner vorsprachlichen Sprache »Du sollst nicht töten!«, nicht als verborgener Gott, wie Lévinas ausdrücklich hervorhebt. Das Gesicht ist vielmehr »Spur von sich selbst« (AQE, 119). Wenn sich dies aber so verhält, dann ist zu fragen, wie Lévinas hier das Tötungsverbot ohne theologische Ethik begründet. Eine Antwort ergibt sich aus dem, was oben ausgeführt wurde: Das Gesicht des Anderen ist jeder Gewalt entzogen. Der Mord bleibt machtlos vor dem Gesicht. Das Gesicht *kann* nicht vergewaltigt, zerstört werden. Das schutzlos in seiner vollständigen Andersheit mir dargebotene Gesicht reizt zu einem Akt der Gewalt, aber es verhindert mit seinem Erscheinen zugleich die Gewalt. (Vgl. EI, 80)

Lévinas' Ausführungen über das Gesicht des Anderen besitzen ihre Intensität darin, dass eine Erfahrung beschrieben wird: die Erfahrung, dass es etwas gibt, was auch die äußerste Gewaltanwendung von meiner Seite (Mord) nicht zerstören könnte. So beschrieben, vollzieht sich hier eine tiefe moralische Erfahrung, aber sie enthält keine Moral. Die Erfahrung lautet: Ich *kann* das Gesicht nicht erreichen, auch nicht durch Mord, es entzieht sich dem Zugriff meiner Gewalt. Moral müsste dagegen an dieser Stelle lauten: Ich *soll* das Gesicht des Anderen nicht zerstören wollen.

Nun behauptet Lévinas aber, dass das vorsprachlich sprechende Antlitz des Anderen spricht: »Du *sollst* nicht töten!« Hier entsteht eine Mehrdeutigkeit.

1. Wenn aus »Ich *kann* das fremde Antlitz nicht töten« folgt »Ich *soll* das fremde Antlitz nicht töten«, so wird aus einer Ist-Aussage eine Soll-Aussage gefolgert. Das ist nicht erlaubt; es handelt sich um einen »naturalistischen Fehlschluss.« Um zu Soll-Aussagen zu gelangen, muss immer schon auf Soll-Aussagen zurückgegriffen werden. Wenn gilt, dass eine Person A eine Person B nicht töten soll, so muss z.B. schon gelten, dass überhaupt kein Mensch von einem Menschen getötet werden soll. Dies mag pedantisch wirken, aber es gehört nun einmal zum Inventar der Ethik. Lévinas wäre ein schlechter Dienst erwiesen, wenn man ihm hier eine Ausnahme zu dieser Logik einräumen würde.[95]

2. Es ist jedoch gar nicht sicher, dass Lévinas auf eine Folge »soll nicht töten« aus »kann nicht töten« angewiesen ist oder diese anstrebt. Es könnte durchaus ein anderes Beweisziel bestehen: Lévinas könnte es ablehnen, Soll-Sätze als Zentrum der Ethik zu rechtfertigen. Stattdessen ginge es um die Plausibilisierung eines Nichtkönnens. Ich kann den Anderen töten, aber meine Macht endet an der in seinem Antlitz aufscheinenden »Spur« oder »Epiphanie«, wie Lévinas auch sagt. Das Nicht-das-Antlitz-töten-Können markiert für Lévinas die Grenze der bisherigen Philosophie, die auf Identität und Identitätssicherung der Subjekte durch Macht beruht. Das Sollen, das Tötungsverbot, wäre in dieser Optik nur ein Ausdruck der Unmöglichkeit der Tötung des Gesichts. Im Unterschied zu Kants Ethik, in der »du kannst« aus »du sollst« folgt, würde bei Lévinas das »du

sollst (nicht)« aus »du kannst (nicht)« folgen bzw. als ein Ausdruck von »du kannst« erscheinen.

Diese Deutung bliebe allerdings negativ: Sie würde Lévinas als Kritiker der bisherigen Tradition zeigen, nicht aber aufweisen, inwiefern er positiv eine neue Dimension der Ethik erschlossen hat. Lévinas hätte hiernach die Grenze des »Könnens«, hätte nur die Grenze einer Philosophie der Macht gezeigt. Sobald der Schritt zum Sollen getan wird, bleibt das Problem des zu vermeidenden naturalistischen Fehlschlusses von »Sein« auf »Sollen«.

Daraus folgt: Solange die Philosophie von Lévinas nicht als theologische Ethik gedeutet bleibt, wird sie als Demonstration einer Grenze der bisherigen Philosophie verstehbar. Obgleich bereits diese Demonstration erhebliches Gewicht besitzt, reicht das Argument von Lévinas wesentlich weiter. Welchen Sinn aber besitzt der positive Teil dieses Denkens, welches das »Unendliche« bzw. »Gott« (als immer schon vorübergegangene und nicht in eine Präsenz einschließbare Spur der »Erheit«, »Jenigkeit«) als Grund der Verpflichtungen einführt, wenn nicht den einer theologischen Ethik? Es würde an dem beschriebenen, innerweltlich-jüdischen Messianismus vorbeiführen, den positiven Anspruch von Lévinas nicht als theologische Ethik zu deuten. Gewiss, es handelt sich um eine theologische Ethik, die grundsätzlich anders zu sein beansprucht als die bisherigen christlich-theologischen Ethiken: An die Stelle von Berufungen auf einen omnipotenten, omnipräsenten und allgütigen Gott als Regierenden und Schöpfer der Welt tritt eine Gottheit der Abwesenheit. Die Verpflichtung, die Bestimmung »ich« als »mich« im Akkusativ zu sein, ist immer schon geschehen, bevor ich mich artikulieren kann.

Angenommen, Lévinas vertritt eine theologische Ethik nach dem von Nietzsche verkündeten Tod des moralischen Gottes und unter der verschärfenden Bedingung des französischen Poststrukturalismus. Dann stellt sich die Frage, ob es dieser Ethik eines extremen (theologisch bezogenen) Humanismus gelingt, dem Dilemma der theologischen Ethik zu entkommen. Theologische Ethik ist nämlich entweder bloß redundant gegenüber moralischen Aussagen oder sie verhält sich destruktiv zu Moral. »Sie ist redundant« bedeutet: Gott gebietet immer nur das, was vorhandene Moralen bereits enthalten. Die Verbote des Lügens oder Tötens z.B., sofern sie von einer Gottheit gesetzt werden, verdoppeln bloß, was in theologieunabhängigen moralischen Normen schon bestimmt wird. Soll diese Redundanz vermieden werden, soll also die Berufung auf die Absichten, Affekte und die Weisheit der Gottheit sich als Instanz jenseits bloß menschlicher Moral zeigen, so wird theologische Ethik destruktiv. Jetzt erscheint Moral als eine Hilfskonstruktion, die der Macht der Gottheit nichts entgegenzusetzen hat. Die Gottheit kann, was uns als gut erscheint, außer Kraft setzen und zerstören.

Entkommt Lévinas diesem Dilemma der theologischen Ethik? Zunächst wird man fairerweise nicht behaupten können, dass die moralischen Alternativen von Lévinas ausschließlich redundant zu den vorhandenen Normen sind. Er befürwortet zwar das Tötungsverbot und den liberalen Staat. Zu diesem Zweck ist aber in der Tat keine theologische Ethik erforderlich. Sein positiver Anspruch reicht jedoch erheblich weiter: Die Gerechtigkeit dürfe nicht die Nähe des Von-Angesicht-zu-Angesicht-Begegnens verlieren und die Menschenrechte seien ursprünglich als Rechte des anderen Menschen zu deuten.

Damit stellt sich die Frage nach dem destruktiven Charakter von Lévinas' Ethik gegenüber der Moral. Zunächst ist, wie dargestellt, Destruktion erklärtes Ziel von Lévinas: Ihm geht es um die methodische Destruktion des bisherigen philosophischen Diskurses, um positiv jenes Außerhalb freilegen zu können, das der latente Gewaltzusammenhang dieses Diskurses verkannte. In der methodischen Nachfolge Heideggers und im Anschluss an die derridasche »Dekonstruktion« arbeitet Lévinas hier an einer methodischen Abtragung. Diese Art der Destruktion ist freilich zu unterscheiden von einer möglichen zweiten Form von Zerstörung, die die Moralität der Normen betrifft.

Erinnern wir uns: Lévinas unterscheidet sich von der bisherigen Ethikbegründung dadurch, dass er die 1. Person (»ich«) über den Anderen einführen will: Ich bin moralische Person als angeklagte, als Antwort gebende Person. Wer ist mit »der Andere« als dritter Person eigentlich gemeint? Wer ist der anders bleibende Andere? Es finden sich zwei Antworten: In dem »Du« des mir begegnenden Anderen erscheinen »alle Anderen«, was Lévinas mit »der Dritte« bezeichnet. Indem ich »dir« Gerechtigkeit widerfahren lasse, lasse ich allen Menschen Gerechtigkeit widerfahren. Aber es sind, wie oben deutlich wurde, nicht »die Anderen«, die mich zur Verantwortung »dir« gegenüber verpflichten. Sie erscheinen nur mit der dualen Beziehung von »mir« zu »dir«. So bleibt, dass der anders bleibende Andere eine 3. Person im Singular ist: Es ist »jener« oder »er«, d.h. Gott als immer schon vorübergehende Spur, als »Erheit/Jenigkeit« (illéité).

Kann diese abwesend verpflichtende Gottheit aber nicht auch Zerstörung befehlen entgegen dem moralischen Urteil des Menschen? »Die Hölle«, schrieb einst Sartre, »das sind die anderen«. Was sichert uns gegen moraldestruktive Gebote dieser unfasslichen Gottheit? Welches sind die Kriterien, die eine Philosophie jenseits der bisherigen Ethik gegen destruktive Imperative benennen kann? Lévinas hat an keiner Stelle zu bestimmen versäumt, dass die als »Erheit/Jenigkeit« gedachte, abwesend verpflichtende Gottheit etwas anderes sein könne als »Güte« (bonté). Reicht diese Versicherung aus ?

Blaise Pascal schrieb im 17. Jahrhundert: »Indem ich diese Welt verlasse, falle ich für immer ins Nichts oder in die Hände eines verstörten Gottes.« Voltaire hielt dem im 18. Jahrhundert entgegen: »Ist es nicht unendlich wahrscheinlicher, dass man in den Händen eines guten und sich erbarmenden Gottes sein wird?«[96] Lässt sich hier noch mit philosophischen Mitteln etwas entscheiden? Vermutlich scheint eine weitere philosophische Beschäftigung mit dem beunruhigend extremen Humanismus eines Lévinas gut beraten, wenn sie im Auge behält, was Paul Ricœur konstatierte: dass sich hinsichtlich der von Lévinas angestrengt bedachten Andersheit des Anderen eine Grenze des philosophischen Diskurses abzeichnet.

Die hier über Renaut, Ricœur, Derrida und Lyotard hinaus formulierte Kritik an Lévinas ist weder negativ noch abgeschlossen. Sie führt vielmehr auf zwei Lesarten, eine enge und eine weite. Die enge Lesart erblickt in Lévinas' Dekonstruktion der überlieferten ontologischen Metaphysik das Novum, dass an die Stelle eines moralischen Sollens ein Können tritt. »Du sollst nicht töten!« erscheint bei Lévinas als ein »Du kannst gar nicht töten!«, denn deine Macht endet an der im Gesicht des Anderen sprechenden absoluten Andersheit des anderen Menschen. Lévinas hat selbst betont, dass hier keine moralische Evidenz vorliegt. (Vgl. z.B. AQE, 28; DVI, 32) Auch ist ihm bewusst, dass der philosophische Wortvorrat hier begrenzt bleibt. Statt des griechischen Worts »Ethik« verwendet er daher auch das französische bzw. lateinische Wort »la sainteté« (Heiligkeit): »Das Wort ›Ethik‹ ist griechisch. Ich denke weitaus eher und vor allem jetzt an die Heiligkeit (la sainteté), an die Heiligkeit des Gesichts des Anderen oder an die Heiligkeit meiner Verpflichtung als solcher.«[97] Mit »Heiligkeit« wird dabei der Charakter des Nicht-Töten-*Könnens* ausgedrückt. Das Antlitz des Anderen bleibt unversehrt »heil«.

Eine enge Lesart von Lévinas führt auf das Problem, wie der

naturalistische Fehlschluss von »Du kannst nicht töten« auf »Du sollst nicht töten« vermeidbar wäre.

Die weite Lesart dagegen, welche die jüdische Tradition stärker berücksichtigt, konfrontiert Lévinas mit dem Dilemma der theologischen Ethik zwischen Redundanz gegenüber moralischen Normen und ihrer Destruktion. Dass sich hier am Ende eine weitere, noch weiter hinausgeschobene Grenze des philosophisch Sagbaren abzeichnet, ist im Kontext von Lévinas schon vorausgesetzt und bildet dort keinen Mangel. Es ermöglicht vielmehr den Übergang zu einer anderen Rede, nämlich der für die jüdische Tradition maßgeblichen Schriftauslegung. Philosophisch gesehen, sind beide Lesarten relevant: die enge, weil sie auf eine nichtmoralische Evidenz führt, die aber moralisch bedeutsam wird; die weite, weil die Bestimmung ihrer eigenen Grenzen zumindest seit Kant zur Definition des Philosophierens gehört.

5. Schluss: Welche Andersartigkeit des anderen Menschen?

Die philosophische Wahrnehmung von Lévinas hat erst Mitte der Achtzigerjahre begonnen. Noch ist vieles offen. Unklar und unentschieden ist daher auch, welches Potenzial des Protests die französische Philosophie des 20. Jahrhunderts gegen technizistische Rationalitätskonzepte zu Beginn des 21. Jahrhunderts bereithalten kann. Mit Lévinas jedenfalls bleiben Impulse der Existenzphilosophie erhalten, da er sowohl Existenzphilosoph als auch Poststrukturalist ist.

Dass die philosophische Ethik spätestens nach dem Ende der sprachanalytischen Metaethik in eine Krise geriet, ist allgemein bekannt. Der Rückgriff auf Strukturen des Seins zur Begründung von Ethik (Hans Jonas) bildet nur eins der multiplen Symptome dieser Krise. Lévinas verdanken wir – jenseits verfehlter Rückgriffe auf zu starke ontologische Prämissen und jenseits zu schwacher, nur sprachanalytischer Distinktionen – den Versuch einer neuen Wahrnehmung der menschlichen Andersartigkeit. Der andere Mensch ist zum Problem geworden. Lévinas philosophiert jenseits gängiger Unterstellungen von unproblematisch gegebener Intersubjektivität. Solange der andere Mensch nicht auf andere Weise verstanden wird als in der Tradition des europäischen Sokratismus, läuft philosophische Ethik laut Lévinas Gefahr, die Autonomie als Gewaltgrundlage undurchschaut fortzuschreiben. Ethik ist nicht Theorie eines Selbstverhältnisses der menschlichen Individuen zu sich im Hinblick auf Gelingen oder

Misslingen. Ethik ist, das jedenfalls folgt aus Lévinas' Philosophie, die Lehre von der Begegnung mit dem anderen Menschen im Hinblick auf Gerechtigkeit. »Jeder, der das Gesicht seines Gefährten vor den Vielen erbleichen lässt, ist, als ob er Blut vergieße«, heißt es im Talmud.[98] Lévinas versucht, wie einst Moses ben Maimon für das Mittelalter, die jüdische Tradition vom Humanismus des anderen Menschen für die Moderne zu entfalten.

Im Verlauf dieser Einführung wurden einige Gedankenlinien nachgezogen, die diesen Humanismus verdeutlichen sollten. Zum Schluss sei nochmals diejenige Frage gestellt, die bereits mehrfach anklang: Wie ist der Andere bei Lévinas vorgestellt? Wir begnügen uns jetzt nicht mit der negativen Antwort, er sei nicht als Alter Ego gedacht. Vielmehr fragen wir: Wer oder was begegnet als Anderer? Lévinas' Antwort lautet: der andere Mensch. Diese Antwort setzt aber voraus, dass einem Menschen überhaupt etwas sich zeigt und dass er zur Sortierung und Identifizierung fähig ist. Angenommen, es zeigen sich einem Menschen M Pflanzen, Tiere, Häuser, Bilder, Autos, Steine, Wolken und etwas, was er nicht ohne weiteres einzuordnen weiß, ein X. Wann genau kann M sagen, dass X ein anderer Mensch ist? Unabhängig von Lévinas können wir festhalten: Das X mag im Detail beschaffen sein, wie es wolle; wenn M bereit ist, es als anderen Menschen zu betrachten, dann übernimmt M damit eine Verpflichtung, Erscheinungen, die er als zu X gehörig betrachtet, als Äußerungen von X zu respektieren. Um X zu respektieren, muss X von M zuvor ebenfalls als ein M betrachtet werden. Wir können diesen Schritt, X als M zu betrachten, als Vollzug *formaler* Andersheit betrachten. Etwas (X), was mir begegnet, wird aus sonst Begegnendem ausgesondert und als anderer Mensch aufgefasst. Diese formale Andersheit und ihr Vollzug erlauben, die Andersheit des anderen Menschen zugleich konkret begegnen zu lassen. Der Andere zeigt sich, da er überhaupt ebenfalls als Mensch begegnet, nunmehr als farbig oder weiß, Frau oder Mann, Kind oder Greis, als offenherzig oder verschlagen usw. Diese konkrete Andersheit ist inhaltlicher Art. Die inhaltliche Andersheit ist empirisch und Gegenstand von Menschenkenntnis und Welterfahrung. Die formale Andersheit dagegen scheint präempirisch zu sein und eine Sortierungsmöglichkeit zu liefern, ohne die niemand unter dem, was ihm begegnet, Menschen als Menschen identifizieren kann.

Wenn es sich tatsächlich so verhält, dann stellt sich natürlich die Frage, wovon es abhängt, dass X von M als ein anderer Mensch betrachtet wird und nicht z.B. als ein Tier oder als ein Lebewesen, das zwar als Mensch erscheint, aber kein Mensch ist. Diese Frage ist von der bisherigen Philosophie noch nicht zureichend beantwortet worden. So krankt z.B. die Antwort Husserls – wonach X genau dann ein anderer Mensch wäre, wenn ich seine Position im Raum nicht mit meiner vertauschen kann – daran, dass X diese Kennzeichnung auch mit bloßen Gegenständen im Raum teilt. Es scheint, dass durch Lévinas ein Vorschlag zu einer Doppelrevision der formalen bzw. inhaltlichen Andersheit und der Bedingungen, nach denen X als anderer Mensch betrachtet wird, erforderlich ist.

1. Lévinas will offenbar die Unterscheidung zwischen formaler und inhaltlicher Andersheit nicht akzeptieren. Denn die formale Andersheit besagt, dass X als anderer Mensch, d.h. als Exemplar derselben Gattung betrachtet wird. Damit kommt für Lévinas die wirkliche Andersheit des Anderen jedoch nicht zur Geltung, sondern wird bloß auf Selbigkeit (dieselbe Gattung) zurückgeführt. Was aber meint dabei »wirkliche Andersheit« des Anderen? Offenbar ist die empirische, inhaltliche Andersheit gemeint. An dieser Stelle gerät jede philosophische Auseinandersetzung mit Lévinas in Schwierigkeiten. Will er die präempirische formale Andersheit als bloße Funktion der inhaltlichen Anders-

heit betrachten? Soll gelten, dass mir der andere Mensch konkret als der so und so beschaffene Mensch begegnet und dass die formale Andersheit nur ein Abstraktionsprodukt dieser konkreten Begegnung ist? Eine derartige Argumentation liefe darauf hinaus, dass es Glückssache wäre, ob ich X als anderen Menschen ansehe oder nicht. Einigen X spreche ich zu, Menschen zu sein, anderen nicht, auch wenn sie so erscheinen. Das aber kann Lévinas nicht wollen, denn er spricht beständig von »dem« anderen Menschen. Dies ist eher so zu verstehen, dass mir X schon als anderer Mensch formal gegeben ist. Es ist, mit anderen Worten, schon vorausgesetzt, dass mir X als Konkretum unter der Voraussetzung begegnet, dass X einen anderen Menschen im formalen Sinn bedeutet und nicht ein Tier, einen Dämon oder dergleichen. Verhält es sich aber so, dann bestätigte Lévinas am Ende doch jene Tradition, die X als ein Exemplar derselben Gattung verstand.

2. Der Lévinas-Humanismus des anderen Menschen kann indessen auch so gelesen werden, dass er eine Antwort auf die Frage nach den Bedingungen sucht, unter denen X als anderer Mensch betrachtet wird. Und in dieser Hinsicht lautet die Antwort: Der Mensch wird als Subjekt ursprünglich passivisch so konstituiert, dass er zum Anderen hin geöffnet ist. Er hat nicht die Wahl, X als anderen Menschen zu betrachten oder nicht zu betrachten. Sofern jemand von einer nicht präsentierbaren Gottheit als Mensch geschaffen wurde, ist er notwendig X so zugeordnet, dass er das Menschsein von X verantwortet. Zwar kann der Mensch auch egoistisch nur an seinem eigenen Wohl interessiert sein. Es besteht jedoch für niemanden die Möglichkeit, nicht zu X als anderem Menschen hin geöffnet zu sein.

In der ersten Hinsicht würde Lévinas die formale Andersheit des anderen Menschen als präempirische Identifikation von X als Mensch voraussetzen. In der zweiten Hinsicht bestünde eine

Zuordnung jedes Menschen zu X als anderem Menschen, die weder formal noch inhaltlich bzw. die sowohl formal als auch inhaltlich ist. Weder formal noch inhaltlich hieße: Es gibt noch eine dritte Andersheit. Sowohl formal als auch inhaltlich hieße: Ich begegne dem Anderen als empirischem Individuum und als Exemplar der Gattung von Lebewesen, der auch ich angehöre (formale Andersheit). Daraus folgt, dass in letzter Analyse nur diejenige Lévinas-Möglichkeit nicht auf eine Bestätigung der formalen Andersheit hinausliefe, nach der es noch eine dritte Andersheit außer der formalen und der inhaltlichen gibt. Diese dritte Andersheit scheint jedoch jene Grenze zu bezeichnen, mit der, wie insbesondere Paul Ricœur kritisch hervorhebt, etwas Fremdes als zugleich Verpflichtendes auftritt.

In der angloamerikanischen und frankophonen Diskussion haben sich bezüglich der ethisch-politischen Relevanz von Lévinas inzwischen klare Frontlinien zwischen kritikfreier Befürwortung und Kritik ergeben. Die Befürworter bemerken: Auch wenn es fraglich bleibt, welche Urteile und welche Entscheidungen ich fälle, so entspringt meine Verantwortung stets im vereinzelten Anderen und ist grenzenlos. J. Derrida fügt sogar noch hinzu:

»Lévinas und mich selbst betreffend, gilt: Sofern man die Grenzenlosigkeit der Verantwortung aufgibt, verschwindet Verantwortung. Dies kommt daher, weil wir grenzenlos handeln und leben, sodass die Verantwortlichkeit im Hinblick auf den Anderen irreduzibel ist. Wäre Verantwortung nicht grenzenlos und müsste ich jedesmal hinsichtlich des Anderen eine ethische oder politische Entscheidung fällen, die nicht grenzenlos wäre, dann wäre ich nicht fähig, mich in eine unendliche Schuld hinsichtlich jeglicher Individualität zu begeben. Ich schulde mich grenzenlos jeglicher einzelnen Individualität. [...] Ich weiß, dass ich nicht genug getan habe, und auf diese Weise geht Moralität weiter, gehen Geschichte und Politik weiter. [...] unser Verhältnis zu Sachen wie Wahl, Entscheidung und Verantwortung ist nicht theoretisch, konstatierend oder determiniert. Es ist stets eine in Schwebe bleibende Beziehung.«[99]

Von frankophonen Kritikern Lévinas' wird dagegen unter anderem bemerkt:

»In der Unternehmung von Lévinas ist der Primat der Ethik des Anderen vor der theoretischen Ontologie desselben vollständig an ein religiöses Axiom gebunden, und man würde die innere Bewegung dieses Denkens und seine subjektive Strenge beleidigen, glaubte man trennen zu können, was sie vereinigt. Es gibt in Wirklichkeit keine Philosophie von Lévinas. Dabei geht es nicht einmal mehr um die Philosophie als ›Magd‹ der Theologie: Es liegt eine von der Theologie *annullierte* Philosophie vor [...] was uns das Lévinas-Unternehmen mit einer einzigartigen Besessenheit in Erinnerung ruft, besteht darin, dass die Bildung von Ethik als Prinzip des Denkens und Handelns wesentlich religiös ist. Wir können daher sagen, dass Lévinas der kohärente und einfallsreiche Denker einer Gegebenheit ist, was keine akademische Verschleierungs- oder Abstraktionsübung in Vergessenheit geraten lassen kann: [...] die Ethik ist eine Kategorie des frommen Diskurses.«[100]

Von anderer Seite wird bemerkt, Lévinas bleibe nicht bei seinen metaphysischen Gewährsleuten Platon oder Plotin stehen. Wollten diese über das »Jenseits-des-Seins« keine weiteren Aussagen treffen, so schreite Lévinas zu positiven Bestimmungen fort. Wir

»wurden von einem Anderen gemacht, um für den Anderen zu sein. Das Sein für den Anderen wird nicht durch moralische Imperative konstituiert, die sich an eine monadische Subjektivität wenden. Wir sind für den Anderen da durch die Tatsache, von einem Anderen geschaffen worden zu sein. Wir wurden nicht einfach in die Welt geworfen, um dort, wie im Sartre-Existenzialismus, ein Wesen zu zeigen, das sich aus dem ergibt, was wir tun [...]. Lévinas fügt dem Axiom der Priorität der Existenz über die Essenz den Gedanken hinzu, dass wir nicht von nirgendwoher kommen, sondern dass wir geschaffen wurden. Außerdem fügt er hinzu, dass wir nicht frei sind, sondern dem Anderen außerhalb jeder Entscheidung zugeeignet sind. Was implizieren diese beiden Hinzufügungen zum Sartre-Existenzialismus philosophisch? Sie implizieren einen Determinismus.

Lévinas vermeidet diesen Begriff, denn er gehört zur Ontologie, die er überholt zu haben glaubt. Seine Argumentation (raisonnement) mündet tatsächlich in einen Determinismus der Schöpfung durch einen Anderen und der Bestimmung für einen Anderen. Wir wurden durch eine Instanz determiniert, die jede Vergegenständlichung überschreitet. Die philosophische Fusion von Lévinas (mit dem jüdischen Denken) transformiert sich in eine Abhängigkeit des Verhaltens des menschlichen Verstehens – und das ist das Ende der philosophischen Reflexion.«[101]

Hebt die frankophone Kritik Lévinas' problematisches Verlassen philosophischer Verbindlichkeit hervor, wobei er gleichwohl noch Anspruch auf Philosophie erhebe, so wird er vom amerikanischen Neopragmatismus von der genuin praktischen Seite aus scharf angegriffen und gar als Bedrohung demokratischer Praxis gewertet. Richard Rorty bemerkt: »Ich bin nicht in der Lage, Lévinas' Pathos des Grenzenlosen mit Ethik oder Politik zu verbinden. Ich verstehe Ethik und Politik – reale Politik im Gegensatz zu kultureller Politik – als einen Bereich, wo miteinander konfligierende Interessen einen Ausgleich finden, und als etwas, was in banalen, vertrauten Begriffen beraten werden muss [...]. Lévinas' Pathos des Grenzenlosen passt zu radikaler, revolutionärer Politik, nicht aber zu einer Politik der Reformen und der Demokratie. [...] Ich finde Lévinas' Anderen (Other) keineswegs hilfreicher als Heideggers Sein – beide kommen mir tölpelhaft, linkisch und ohne Aufklärungsertrag (unenlightening) vor.«[102]

Diese Bestätigungen und Kritiken werfen daher vor allem drei Fragen auf: Inwiefern benötigt praktische Philosophie eine Ergänzung durch Lévinas? Beansprucht Lévinas eine Philosophie außerhalb der Reichweite möglicher Philosophie? Bietet sein Humanismus des anderen Menschen eine mögliche Grundlage oder eine Beeinträchtigung der liberalen Demokratie?

Von größter Bedeutung sind in diesem Zusammenhang jene

Versuche, Lévinas mit den brennenden Fragen zusammenzubringen, die durch das globale Ansteigen der Zahl der Verfolgten, Flüchtlinge, Asylbewerber entstehen.[103] Derrida hat 1997 in zwei Publikationen dazu Stellung bezogen. Er geht davon aus, dass kein Nationalstaat – auch kein europäischer Staat – sich zu irgendeiner Zeit »einer Gastfreundschaft ohne Bedingungen oder einem vorbehaltlosen Asylrecht«[104] öffnen werde. Derrida betont, das Denken von Lévinas »wird den Verlauf des philosophischen Denkens unserer Zeit verändert haben«, und legt seiner politischen Lévinas-Interpretation das Axiom zugrunde, nicht das Antlitz, sondern die »Aufnahme« (l'accueil) sei das Ursprüngliche bei Lévinas. »Man muss zunächst die Möglichkeit der Aufnahme (accueil) denken, um das Antlitz zu denken und alles, was sich mit ihm öffnet oder verändert (se déplace), die Ethik, die Metaphysik oder die erste Philosophie.«[105] Deshalb kann er auch behaupten: »Die Hospitalität ist die Kultur selbst und sie bildet keine Ethik neben anderen.«[106] Die Hospitalität setze jedoch – das ist eine bedeutsame philosophische Beobachtung – die Verschlossenheit des Anderen bei Husserl voraus. Der Andere bleibe bei Husserl nur in analogischer Zusatzvorstellung zu mir selbst und damit als etwas Transzendentes gegeben. Wenn daher das Bewusstsein von etwas zur Hospitalität werde, so setze dies eine Unterbrechung des Bewusstseins durch es selbst voraus. »Man wird nichts von der Hospitalität verstehen, wenn man nicht versteht, was ›sich selbst unterbrechen‹ meint und die Selbstunterbrechung durch das Selbst als anderes. [...] die Unterbrechung *erfolgt*. Sie *entscheidet sich* im Namen der Ethik als Selbstunterbrechung durch das Selbst.«[107]

Eine politische Zuspitzung gibt Derrida seinen Überlegungen vor allem durch zwei Bezüge, einmal zu Autoren wie Kant und auch Carl Schmitt, zum anderen zu der Frage der politischen Realisierbarkeit einer Ethik der Hospitalität. Kant hat 1796 in seiner Schrift *Zum ewigen Frieden* einen Friedensbegriff konzipiert, der weder mit einem Zustand des Friedhofs noch auch mit bloßem Waffenstillstand identisch ist und auf den hin sich die internationale Politik in einer »ins Unendliche fortschreitenden Annäherung« wirksam und wirklich bewegen könne. Derrida hebt hervor, dass Kant den dauerhaften Frieden an die Existenz von Nationalstaaten knüpfe und entsprechend die Hospitalität (für die Kant »Wirtbarkeit« vorschlägt) gegenüber Fremden auf fremdem Boden als ein Recht für alle Menschen fordert, das jedoch nicht als »Gastrecht« gelte, sondern nur als »Besuchsrecht«. Derrida betont, dass Kant Weltbürgertum, Lévinas dagegen Universalität wolle. Dieser Unterschied besagt die Staatsabhängigkeit des ewigen Friedens bei Kant und die universelle »friedliche Aufnahme des Antlitzes« im Sinn von Lévinas.[108] Die Lévinas-Universalität besagt laut Derrida weiterhin, dass der Frieden bereits jetzt bestehe, d.h., sogar der Krieg behalte das Zeugnis der friedlichen Aufnahme des Antlitzes. Während Kants Konzeption für den Anderen Bedingungen formuliere, sei der Vertreter eines Verständnisses von Politik als Unterscheidung von Freunden und Feinden, wie es bei Carl Schmitt vorliegt, »für Lévinas der absolute Gegner«[109].

Im Anschluss fragt sich Derrida: »Wo lässt sich nun ein vermittelndes Schema zwischen dieser vorursprünglichen Hospitalität oder diesem prozesslosen Frieden und der Politik, der Politik moderner Staaten andererseits, finden [...]?«[110] In jedem Fall gelte es, »einen Unterschied zwischen Kant und Lévinas zu verschärfen, der heute mehr als jemals zuvor zählt, was jenes Recht auf Flucht angeht und alle Dringlichkeiten, die die unseren sind, überall wo in Israel, Ruanda, in Europa, Amerika, Asien und in allen Saint-Bernard-Kirchen der Welt Millionen von Menschen ohne Papiere und ohne festen Wohnsitz ein anderes internationales Recht, eine andere Politik der Grenzen, eine andere Politik des Humanitären fordern, nämlich ein humanitäres Engagement, das sich *wirksam* jenseits des Interesses der Nationalstaaten erstreckt.«[111]

Derridas Antwort auf seine Frage nach den zwischen dem Lévinas-Frieden und der Politik vermittelnden Schemata fällt eigentümlich ambivalent aus. Einerseits möchte er Kants Kosmopolitismus und seinen Anspruch auf realisierbaren dauernden Frieden nicht preisgeben. Andererseits setzt er dem Kant-Konzept den Lévinas-Frieden präoriginärer Aufnahme des Anderen entgegen. Wenn beides einander nicht widerspricht, so läuft seine Position bestenfalls auf eine Evolution von einem nationalstaatlich bedingten Frieden zu dem Lévinas-Frieden hinaus. Diese Deutung legen jedenfalls der Titel und die Ausführungen in *Cosmopolites de tous les pays, encore un effort!* nahe: Ein kosmopolitisches, von einer Staatengemeinschaft gewährtes Recht auf Schutz sei zwar besser als Barbarei, aber es komme nunmehr auf den Versuch der Kosmopolitisierung einer »bedingungslosen Hospitalität« an, »die a priori jedem Anderen, jedem, der ankommt, *wer er auch sei*, angeboten ist«[112].

Als Antwort auf die entscheidende Frage nach den Anwendungsschemata des Lévinas-Friedens bemerkt Derrida: »*Dieser Bezug ist nötig*, er muss existieren, man muss eine Politik und ein Recht der Ethik ableiten.« Lévinas selbst schweige über das Verhältnis von Ethik und Politik. Dieses Schweigen sei so zu verstehen: »Die Ethik verlangt eine Politik und ein Recht [...]. Aber der auf diese Weise bezeichnete politische oder rechtliche *Inhalt* bleibt seinerseits unbestimmt und stets zu bestimmen [...] in der Sprache und der Verantwortlichkeit, die von jedem Einzelnen *übernommen* wird.« Lévinas' Schweigen über das Verhältnis von Politik und Ethik »konditioniert meine Verantwortlichkeit an der Stelle, wo ich allein antworten muss. Ohne das Schweigen, ohne den Hiat – der nicht Abwesenheit von Regeln, sondern

Notwendigkeit eines Sprungs in den Augenblick der ethischen, juristischen oder politischen Entscheidung darstellt –, bliebe uns bloß das Wissen als ein Aktionsprogramm abzuspulen. Nichts wäre verantwortungsberaubender und totalitärer.«[113] Derrida räumt in diesem Zusammenhang ein, dass er nicht jene Auffassung von Lévinas teile, wonach der jüdische Gedanke der Erwählung vor jeglicher nationalistischen Verführung schütze.

Derridas Versuch, das Verhältnis von Ethik und Politik bei Lévinas durch Freigabe der Inhalte an individuelle Entscheidungen zu rechtfertigen, berührt jene von Rorty angesprochene Problematik der Unvereinbarkeit von Messianismus und politischem Alltagspragmatismus und führt offenkundig zu einem Dilemma. Entweder hat die Lévinas-Ethik einen Status wie die Moral in der traditionellen scholastischen Metaphysik oder die Inhalte bleiben ohne Beziehung zur Ethik. Im ersten Fall besitzt der Mensch auch gegenüber dem Guten einen freien Willen als Ursprung der Aktivität. Eine solche Auffassung jedoch entspricht bloß der von Lévinas kritisierten Betonung von Aktivität und Selbstidentität in der europäischen Überlieferung. Wenn dagegen die Inhalte zu bestimmen sind, so ist dies – wenn es nicht trivial ist – ein Rückfall hinter den von Derrida herangezogenen Kant. Denn Kant ging es ja nicht um die Möglichkeit, durch Ethik Inhalte herbeizuschaffen, sondern darum, beliebige Inhalte von Entscheidungen – durch Universalisierung bzw. im Fall des Friedens durch Öffentlichkeitspflicht der Absichten – im Hinblick auf ihren moralischen Gehalt zu prüfen. Derridas neue Lévinas-Lektüren enden also mit einem ungelösten Problem.

Eine künftige Auseinandersetzung mit Lévinas hätte sich auch mit einer bislang eher unbeachteten Besonderheit zu beschäftigen, die der Plausibilität seiner Ethik entgegensteht. Lévinas blendet das Hören, das Ohr als Bezugnahme auf den Anderen durchgängig aus. »Langsamer werden die Reize durch das Ohr zum

Bewusstsein geleitet/ als das, was die zuverlässigen Augen vor sich finden«, fasste in der Antike Horaz die gängige metaphysische Einschätzung des Ohres zusammen.[114] Wird Lévinas, indem er sich an dem Gesicht des anderen Menschen orientiert, nicht zum Erben der metaphysischen Leitorientierung am Sehen und am Licht, der er durch eine metaphorisch vollzogene Versprachlichung des Gesichts zu entgehen sucht? Es mag sein, dass er sich hier von Heideggers Auszeichnung des »Hörens auf« als »existenziale Offenheit des Daseins als Mitseins für den Anderen« abgrenzen möchte. Auch könnte Nietzsches Satire des übergroßen Ohrs, das einem winzigen Menschen gehört, den Zarathustra-Leser Lévinas hier beeinflusst haben. Dass ihm Derridas antiphonischer Kampf gegen die an der gesprochenen und somit gehörten Sprache orientierte moderne Linguistik dabei entgegenkommt, ergibt eine durch Derrida erzeugte Konsensverstärkung zwischen beiden Denkern.[115] Beruht deren Faszination jedoch nicht auch darauf, dass der Anteil des Hörens an der Bildung von Welt und Alterität bei beiden nicht vorkommt?

Anhang

Anmerkungen

1 In Frankreich liegen mehrere Sammelbände zu Lévinas vor (vgl. dazu das Literaturverzeichnis in diesem Band, S. 137 ff.).
Zu Lévinas/Irigaray vgl.: L. Irigaray, Ethique de la différence sexuelle, Paris 1984, S. 173-199. Zu Sartre/Lévinas vgl. das Sartre-Interview mit Benny Lévy (Le Nouvel Observateur, 10. März 1980), wo Sartre u.a. davon spricht, dass das Bewusstsein ein moralisches Bewusstsein sei, das sich in einem ursprünglichen Verhältnis »pour l'autre« (für den Anderen) befindet. Diese »Konversion« Sartres ist auf stärkste Kritik gestoßen: Es sei Ausdruck »gestrandeter Senilität«, dass auf dem Wege eines Interviews eine ganz andere Philosophie zu Wort kommen solle (so Guy Haarscher, in: Revue Internationale de Philosophie, Nr. 152/153, 1985, S. 68). Zu Baudrillard/Lévinas vgl.: J. Baudrillard, La Transparence du Mal. Essai sur les phénomènes extrêmes, Paris 1990, wo eine »Ethik der Devolution«, d.h. eine Ethik der Zuwendung zum anderen Menschen, vorgeschlagen wird, die aus der »Hölle der Selbigkeit« (l'enfer du Même) herausführt. Vgl. B.H.F. Taureck, Ethikkrise – Krisenethik, Reinbek 1992, Text 6 und Kommentar.
Im englischen Sprachraum ist Lévinas mit seinem Beitrag *Beyond Intentionality* in dem von A. Montefiore herausgegebenen Sammelband *Philosophy in France today* (Cambridge 1983) bekannt geworden, ferner mit dem von Sean Hand edierten *Lévinas-Reader* (Oxford/Cambridge, Mass., 1989).
Auf seine Weise hat sich Václav Havel die Philosophie von Lévinas im Gefängnis erschlossen. Vgl. V. Havel, Briefe an Olga, Reinbek 1990, S. 245, 256, 268.

2 Zur Darstellung von Lévinas' Philosophie nach gewissen systematischen Gesichtspunkten vgl.: B.H.F. Taureck, Französische Philosophie im 20. Jahrhundert, Reinbek 1988, S. 13 f., 15 f., 20 f., 43-46, 121-124, 215 f., 247 f.

3 So J. Halpérin, in: F. Laruelle (Hg.), Textes pour Emmanuel Lévinas, Paris 1980, S. 62 f.

4 Vgl. die Kritiken an den modernen Ableitungsversuchen von Ist auf Soll (Searle, Gewirth) bei: W.D. Hudson, Modern Moral Philosophy, 2. Aufl., London 1983.

5 »Handle so, daß du die Menschheit, sowohl in deiner Person, als in der Person eines jeden anderen, jederzeit zugleich als Zweck, niemals bloß als Mittel brauchest.« (I. Kant, Grundlegung zur Metaphysik der Sitten, A 67 f.)

6 G. Scholem, Über einige Grundbegriffe des Judentums, Frankfurt/M. 1970, S. 121.

7 M. Buber, in: Jüdischer Glaube, hrsg. von K. Wilhelm, Basel o.J., S. 503.

8 Vgl. J.P. Sartre, Réflexions sur la question juive, Paris 1954.

9 M. Blanchot, L'entretien infini, Paris 1969, S. 187 f.

10 Vgl. F. Nietzsche, Götzen-Dämmerung, Die »Vernunft« in der Philosophie, Nr. 5: »Ich fürchte, wir werden Gott nicht los, weil wir noch an die Grammatik glauben.«

11 J.G. Fichte, Die Bestimmung des Menschen, in: ders., Werke, Bd. II, Berlin 1971, S. 263.

12 J.P. Sartre, L'existentialisme est un humanisme, Paris 1970, S. 24, 37.

13 M. Foucault, Les mots et les choses, Paris 1966, S. 398 (Übersetzung nach dem frz. Original).

14 »Metaphysik« kann generell verstanden werden als die Lehre von der Begründung des vielen und bewegten Seienden durch ein singuläres, selbstbezügliches und unbewegtes Seiendes (= Gott). Vgl. dazu: B.H.F. Taureck, Philosophie und Metaphilosophie, Cuxhaven 1998. Metaphysik ist also die Lehre von dem, was ist, d.h. Ontologie. Dagegen konzipierte Lévinas, wie unten deutlich wird, eine Metaphysik als Ethik.

15 M. Heidegger, Brief über den »Humanismus«, in: ders., Wegmarken, Frankfurt/M. 1967, S. 175.

16 Ebenda, S. 180.

17 Ebenda, S. 194.

18 M. Blanchot, L'entretien infini, a.a.O., S. 392 f.

19 E. Jabès, Avec Emmanuel Lévinas, in: F. Laruelle (Hg.), Textes pour Emmanuel Lévinas, Paris 1980, S. 16.

20 J.P. Sartre, L'être et le néant. Essai d'ontologie phénoménologique, Paris 1943, S. 641.

21 F. Poirié, Emmanuel Lévinas, Lyon 1987, S. 88, 133.

22 J.P. Sartre, L'existentialisme est un humanisme, a.a.O., S. 83.

23 Vgl. oben, Anm. 1. Zu Sartres Ethik vgl. aus meiner Sicht: B.H.F. Taureck, Ethikkrise – Krisenethik, a.a.O., Text 9 und Kommentar. Ferner ders., Ethik jenseits von Moral, in: Deutsche Zeitschrift für Philosophie, IV. Quartal 1991.

24 M. Heidegger, Vom Wesen des Grundes, 5. Aufl., Frankfurt/M. 1965, S. 54.

25 Die Textstelle ist der deutschen Übersetzung von *Humanisme de l'autre homme* entnommen: Humanismus des anderen Menschen, übers. von L. Wenzler, Hamburg 1989, S. 76 f.

26 Ebenda, S. 76.

27 Entgegen einem verbreiteten Missverständnis ist daran zu erinnern, dass Zirkularität kein Privileg der Hermeneutik ist. Auch physikalische Begriffe müssen zirkulär definiert werden, z.B. Zeit als Periodizität und Periodizität als Zeit.

28 Vgl. C. Chalier, in: J. Rolland (Hg.), Emmanuel Lévinas, Paris 1984, S. 88.

29 Vgl. auch: J.-L. Schlegel, Lévinas et Rosenzweig, in: J. Rolland (Hg.), Emmanuel Lévinas, Paris 1984.

30 Vgl. unten, S. 87.

31 E. Lévinas, Le cas Spinoza, in: ders., Difficile liberté. Essais sur le judaïsme, Paris 1976, S. 144 f.

32 Zu Baeck und Spinoza vgl.: E.L. Ehrlich, Reden über das Judentum, Stuttgart/Berlin/Köln 2001, S. 52.

33 Vgl. S. Strasser, in: B. Waldenfels, Phänomenologie in Frankreich, Frankfurt/M. 1987, S. 221 f.

34 Vgl. G.W.F. Hegel, Vorlesungen über die Philosophie der Geschichte, in: ders., Werke, Bd. 12, Frankfurt/M. 1970, S. 328 ff.

35 Vgl. Heraklit, Fragment B 53 (Diels-Kranz).

36 F. Poirié, Emmanuel Lévinas, Lyon 1987, S. 84.

37 Vgl. Platon, Gorgias, 469c und passim.

38 J.W. Goethe, Noten und Abhandlungen zum Diwan, in: ders., Werke (Hamburger Ausgabe), 2. Aufl., Hamburg 1967, Gedichte und Epen II, S. 144.

39 Genauer: »Identität der Identität und Nichtidentität« (G.W.F Hegel, Wissenschaft der Logik I, Ausg. Lasson, Hamburg 1963, S. 59).

40 G.W. Leibniz, Monadologie, § 7.

41 Die Bestimmungen 3 b-d (Gesicht, Sprache, Belehrung, Wahrheit) werden später besprochen; vgl. unten, S. 62 ff.

42 M. Blanchot, L'entretien infini, Paris 1969, S. 98.

43 To gar autó ésti noeîn te kai eînai, Fragment 3 (Diels-Kranz).

44 »Jenseits des Seins«: vgl. Platon, Politeia, 509b (epékeina tês usías); und Plotin, Enneaden, V, 6. Zur »Vorstellung des Unendlichen in uns« vgl.: R. Descartes, Meditationes de prima philosophia, Nr. 3.

45 Vgl. B.H.F. Taureck, Ethik im Kontext Lacans, in: ders. (Hg.), Psychoanalyse und Philosophie. Lacan in der Diskussion, Frankfurt/M. 1992.

46 F.W.J. Schelling, Werke, I, Bd. 7, Stuttgart/Augsburg 1860, S. 380.

47 Der stärkste Vorwurf von Lévinas gegenüber Heidegger ist, dass dessen Spätphilosophie das »Sein« als Neutrum fasse und so ein »schändlicher Materialismus« werde. (TI, 275) Hierbei klingt ein Thema des frühen Lévinas wieder an: jenes »Es gibt« (Il y a), d.h. »das Sein als impersonales Feld«, als »Anwesenheit der Abwesenheit«, Existenz ohne Existierendes als »Schrecken« (EE, 93 ff.; vgl. EI, 35-45).

48 Vgl. G.W.F. Hegel, Phänomenologie des Geistes, Einleitung, Ausg. Hoffmeister, Hamburg 1952, S. 64. Vgl. dazu Lévinas, AQE, 21, 24.

49 Vgl. M. Heidegger, Sein und Zeit, 10. Aufl., Tübingen 1963, S. 226.

50 Vgl. Platon, Phaidon 78d oder Symposion 211b 1. Vgl. aber auch schon ansatzweise bei Parmenides selbst, Fragment 8,29 und 8,58.

51 Vgl. M. Heidegger, Sein und Zeit, a.a.O., S. 22 ff.

52 Vgl. H. Schnädelbach, in: E. Martens/H. Schnädelbach, Philosophie. Ein Grundkurs, Reinbek 1985, S. 68 ff.

53 Vgl. A. Badiou, L'être et l'événement, Paris 1988, und dazu: B.H.F. Taureck, Französische Philosophie im 20. Jahrhundert, Reinbek 1988, S. 126 ff.

54 L. Wittgenstein, Tractatus logico-philosophicus, Nr. 4. Vgl. H. Schnädelbach, Reflexion und Diskurs. Fragen einer Logik der Philosophie, Frankfurt/M. 1977, S. 47 ff.

55 M. Blanchot, L'entretien infini, a.a.O., S. 187.

56 Vgl. F. Poirié, Emmanuel Lévinas, a.a.O., S. 125 ff.

57 Denn in diesem Fall wird die Wendung zum Anderen schon nach Maßgabe einer primären Liebe zu sich selbst bestimmt. Hinzugefügt

sei noch, dass die alttestamentliche Fassung wörtlich bloß bedeutete: »Du sollst deinen Nächsten liebevoll behandeln, denn er ist deinesgleichen!« Vgl. dazu mit weiterer Literatur: J.L. Mackie, Ethik, Stuttgart 1981, S. 310.

58 Vgl. S. Petrosino, D'un livre à l'autre, in: J. Rolland (Hg.), Emmanuel Lévinas, Paris 1984, S. 204.

59 Ich versuche hiermit fortzuführen, was Thomas Wiemer in seiner Dissertation *Die Passion des Sagens. Zur Deutung der Sprache bei Emmanuel Lévinas und ihrer Radikalisierung im philosophischen Diskurs* (Freiburg/München 1988, bes. S. 187 ff.) erarbeitet hat.

60 Zum Thema »Logos« in der griechischen Tradition und u.a. bei Derrida vgl.: B.H.F. Taureck, Vom Urzustand der Philosophie. Bilanzen des griechischen Denkens nach Nietzsche, Heidegger, Foucault und Derrida, in: ders., Philosophie und Metaphilosophie, Cuxhaven 1998.

61 Es ist wichtig, Lévinas' Berufung auf einen ursprünglichen »Akkusativ« als eine eigene semantische Interpretation von »mich« oder »sich« zu verstehen, die unabhängig zu halten ist von der antiken Bezeichnung »Akkusativ« für den »Wen-Fall«. Denn im Hinblick auf die antike Bezeichnung »Akkusativ« wäre jeglicher philosophische Tiefsinn umsonst verschwendet. Der griechische Grammatiker Dionysios Thrax hat um 100 v. Chr. eine Grammatik zusammengestellt, in der der 4. Fall als »aitiaitiké ptósis« bezeichnet wurde. Das bedeutete: Der 4. Fall ist der »eine Verursachung angebende« Fall. Lateinische Grammatiker haben das nicht recht verstanden und sich zu der Übersetzung »anklagender Fall« (casus accusativus) verleiten lassen. Dieser Unsinn einer Falschübersetzung überlebte. Die Philosophie wäre gut beraten, sich mit diesem zur Bezeichnungsgewohnheit gewordenen Unsinn nicht einzulassen. Nochmals also: Lévinas' »Akkusativ« darf nicht mit der Bezeichnung »casus accusativus« kurzgeschlossen werden, selbst dann nicht, wenn dies nahe liegt.

62 Zum Begriff »illéité« vgl. die beiden gleichzeitig und unabhängig voneinander erschienenen Texte von: B. Casper, Illéité. Zu einem Schlüssel»begriff« im Werk von Emmanuel Lévinas, in: Philosophisches Jahrbuch 91, 1984, S. 273-288; M. Faessler, L'intrigue du tout-autre. Dieu dans la pensée d'Emmanuel Lévinas, in: J. Rolland (Hg.), Emmanuel Lévinas, Paris 1984, bes. S. 140-143.

63 In einem der wenigen kritischen deutschsprachigen Texte zu Lévinas deutet Micha Brumlik das Äußern als eine »Sprechhandlung der Ansprache«. Vgl. M. Brumlik, Phänomenologie und theologische Ethik. Emmanuel Lévinas' Umkehrung der Ontologie, in: Lévinas. Zur Möglichkeit einer prophetischen Philosophie, hrsg. von M. Mayer/M. Hentschel, Gießen 1990, S. 125.

64 Humboldt schreibt in seiner Einleitung zum Kawi-Werk auch, dass »die eigentliche Sprache in dem Akte ihres wirklichen Hervorbringens liegt« (§ 12, in: W. v. Humboldt, Schriften zur Sprache, Stuttgart 1973, S. 37). Zu Coseriu vgl. dessen Schrift: Textlinguistik, 2. Aufl., Tübingen 1981, S. 61 f. Zum Vergleich Lacan/Lévinas vgl.: A. Juranville, Lacan et la philosophie, 2. Aufl., Paris 1988 (dt. von H.-D. Gondek, München 1990). Zu weiteren Hinweisen zum Verhältnis Lévinas/Lacan vgl. die Besprechungen von: H.-D. Gondek, in: Riss. Zeitschrift für Psychoanalyse, 4. Jg., Nr. 12, Oktober 1989, S. 110 ff., 118 ff.

65 St. Mallarmé, Œuvres complètes, Paris 1945, S. 857 f.

66 Am Rande sei erwähnt: In einer Diskussion mit Lévinas wurde von meiner Seite vorgeschlagen, Lévinas' Pluralismus als einen »Willen aller« im Unterschied zum »Allgemeinwillen« (volonté de tous versus volonté générale, somit als Umkehrung Rousseaus) zu verstehen. Lévinas hat diesem Vorschlag zugestimmt.

67 Übers. nach: S. Hand (Hg.), The Lévinas-Reader, Oxford/Cambridge, Mass. 1989, S. 294.

68 Das Verhältnis der jüdischen Orthodoxie zum Staat Israel (Medinat Jisrael) war zunächst ablehnend. Die Orthodoxie gab ja auch dem Zionismus Schuld am Holocaust. Mit der Besetzung der Gebiete nach 1967 änderte sich die Situation, da nunmehr die alten heiligen Stätten zum Staatsgebiet gehörten: der Tempelberg mit der Westmauer des alten Tempels, die Patriarchengräber in Hebron und das Grab Rachels. Das biblische Land (Eretz Israel) gehörte nun zu Medinat Jisrael.

69 So betont der Lévinas-Schüler Félix Perez, dass Lévinas politisch gegen jede »theokratische Versuchung (tentation théocratique)« sei. Es fragt sich: Ist dies *das*, ist dies *ein* Thema der politischen Situation in und für Israel? Vgl. F. Perez, D'une sensibilité à l'autre dans la pensée d'Emmanuel Lévinas. Ce n'est pas moi, c'est l'autre, Paris 2001, S. 300.

70 Vgl. dazu die Ausführungen von: D. Hirsch, Das Scheitern des sogenannten Friedensprozesses und Israels Friedensbewegung, in: W. Halbauer (Hg.), Israel und der palästinensische Befreiungskampf. Ursachen des Nahostkonfliktes und Perspektiven für den Frieden, Frankfurt/M. 2002, S. 27-34. Vgl. ebenso die Artikel von Joseph Algazy und Isabelle Avran in: Le Monde Diplomatique, Nr. 576, März 2002, S. 4 f.

71 Vgl. Pierre Karli, L'homme agressif, Paris 1987, S. 303; vgl. dazu: B.H.F. Taureck, Französische Philosophie im 20. Jahrhundert, Reinbek 1988, S. 243 f.

72 Zu Renauts Lévinas-Kritik vgl.: A. Renaut, L'ère de l'individu, Paris 1989, S. 255 ff.

73 P. Ricœur, Soi-même comme un autre, Paris 1990, S. 382.

74 Vgl. G.W.F. Hegel, Wissenschaft der Logik II, Ausg. Lasson, Hamburg 1966, S. 220 f.

75 P. Ricœur, Soi-même comme un autre, a.a.O., S. 393.

76 Ebenda, S. 406.

77 Ebenda, S. 409.

78 Ebenda.

79 Ebenda.

80 J. Derrida, L'écriture et la différence, Paris 1967, S. 226.

81 Ebenda, S. 207.

82 Vgl. ebenda, S. 174 ff.

83 In: F. Laruelle (Hg.), Textes pour Emmanuel Lévinas, Paris 1980, S. 21-61. Bereits der Titel *En ce moment même dans cet ouvrage me voici* enthält zwei Anspielungen auf Lévinas – »même« (selbst) und »me voici« –, die sich nur schwer übertragen lassen. Vgl. auch die Übersetzung von E. Weber, in: Lévinas. Zur Möglichkeit einer prophetischen Philosophie, hrsg. von M. Mayer/M. Hentschel, Gießen 1990, S. 42-85.

84 Vgl. J. Derrida, En ce moment, a.a.O., S. 34.

85 Vgl. ebenda, S. 52, 55.

86 Altérités. Jacques Derrida et Pierre Jean Labarrière, Paris 1986, S. 74.

87 Vgl. J. Derrida, De l'esprit. Heidegger et la question, Paris 1987, S. 148 f. (Fußnote).

88 Vgl. B.H.F. Taureck, Wo steht Lyotard?, in: W. Reese-Schäfer/B.H.F. Taureck, Jean-Francois Lyotard, 2. Aufl., Cuxhaven 1990, S. 195 ff.

89 Vgl. J.-F. Lyotard, Le différend, Paris 1983, S. 169.

90 Ders., L'inhumain. Causeries sur le temps, Paris 1988, S. 86 f.

91 A. von Harnack, Marcion. Das Evangelium vom fremden Gott. Eine Monographie zur Geschichte der Grundlegung der katholischen Kirche. Neue Studien zu Marcion (1924), Darmstadt 1985, S. 19.

92 A. v. Harnack hat auf Tolstoi und Gorki hingewiesen. Hofmannsthals Chandos ist hinzuzunehmen, dem im Zustand seiner Sprachkrise die »stummen und manchmal unbelebten Kreaturen« sich mit einer unerklärlichen »Gegenwart der Liebe« entgegenheben, sodass er glaubt, wir könnten »in ein neues, ahnungsvolles Verhältnis zum ganzen Dasein treten, wenn wir anfingen, mit dem Herzen zu denken« (H. von Hofmannsthal, Prosa II, Frankfurt/M. 1951, S. 16 f.).

93 Vgl. H. Jonas, Philosophische Untersuchungen und metaphysische Vermutungen, Frankfurt/M. 1994, bes. S. 201 ff.

94 G. Scholem, Die jüdische Mystik in ihrem Hauptströmungen, Frankfurt/M. 1980, S. 12.

95 Vgl. M. Brumlik, Phänomenologie und theologische Ethik. Emmanuel Lévinas' Umkehrung der Ontologie, in: Lévinas. Zur Möglichkeit einer prophetischen Philosophie, hrsg. von M. Mayer/M. Hentschel, Gießen 1990. Brumlik möchte Lévinas von solcher Kritik freisprechen. Das Problem einer Ableitung von Ist auf Soll bleibt gleichwohl bestehen; vgl. oben Anm. 4.

96 Belege und weitere Diskussion in: B. Taureck (Hg.), Friedrich der Große und die Philosophie, Stuttgart 1986, S. 43 f.

97 F. Poirié, Emmanuel Lévinas, a.a.O., S. 95.

98 Bawa mezia 58b, zit. nach der Goldmann-Ausgabe von R. Mayer, München 1980, S. 508.

99 Die Befürwortung von Lévinas findet sich z.B. bei: S. Critchley, Deconstruction and Pragmatism – Is Derrida a Private Ironist or a Public Liberal?, in: C. Mouffe (Hg.), Deconstruction and Pragmatism, London/New York 1996, S. 19-41. Derridas *Remarks on Deconstruction and Pragmatism* findet sich a.a.O.; die Zitate wurden nach S. 86 f. übersetzt.

100 A. Badiou, L'éthique. Essai sur la conscience du Mal, Paris 1993, S. 23

101 B.H.F. Taureck, Le statut de la philosophie dans la réflexion philosophique française et francophone de nos jours, in: Laval théologique et philosophique 49, 3, Oktober 1993, S. 393 f.

102 R. Rorty, in: C. Mouffe, Deconstruction and Pragmatism, a.a.O., S. 17 und 41.

103 Vgl. dazu: G. Gebauer/B.H.F. Taureck/Th. Ziegler, Ausländerfeindschaft ist Zukunftsfeindschaft. Plädoyer für eine kulturintegrative Gesellschaft, Frankfurt/M. 1993.

104 J. Derrida, Adieu à Emmanuel Lévinas, Paris 1997, S. 159. Vgl. ders., Cosmopolites de tous les pays, encore un effort!, Paris 1997, S. 30 ff.

105 Ders., Adieu à Emmanuel Lévinas, a.a.O., S. 55.

106 Ders., Cosmopolites, a.a.O., S. 42.

107 Ders., Adieu à Emmanuel Lévinas, a.a.O., S. 96 f.

108 Ebenda, S. 156.

109 Ebenda, S. 161, Fußnote. Es nicht klar entscheidbar, ob Derrida hier absichtlich ein Paradox erzeugt. Denn wenn C. Schmitt zum »absoluten Gegner« von Lévinas erklärt wird, so wird dadurch nur die schmittsche Opposition von Freund und Feind bekräftigt.

110 Ebenda, S. 162.

111 Ebenda, S. 175 f.

112 Vgl. ders., Adieu à Emmanuel Lévinas, a.a.O., S. 198; ders., Cosmopolites, a.a.O., S. 7.

113 Ders., Adieu à Emmanuel Lévinas, a.a.O., S. 198-201.

114 »Segnius inritant animos demissa per aurem/quam quae sunt oculis subiecta fidelibus.« (Horaz, De arte poetica, S. 180 f.)

115 Zu Heidegger vgl.: M. Heidegger, Sein und Zeit, Tübingen 1963, § 34, S. 163. Zu Nietzsche vgl.: F. Nietzsche, Also sprach Zarathustra III, Von der Erlösung. Da ist die Rede von einem »umgekehrten Krüppel«, denn es gilt: »das ungeheure Ohr sass auf einem kleinen dünnen Stiele – der Stiel aber war ein Mensch!« Zu dem Thema der phonetischen und akroamatischen Dimension des Menschen in Auseinandersetzung mit Derrida vgl.: J. Trabant, Artikulationen. Historische Anthropologie der Sprache, Frankfurt/M. 1998, S. 88-115.

Literaturhinweise

1. Werke von Emmanuel Lévinas

Kürzel (in alphabetischer Reihenfolge)

AQE Autrement qu'être ou au-delà de l'essence, Den Haag 1974.
AQS Autrement que savoir: Emmanuel Lévinas, Paris 1988.
AV L'au-delà du verset, Paris 1982.
CNI La conscience non intentionelle, in: F. Poirié, Emmanuel Lévinas, Lyon 1987, S. 150-162.
DL Difficile liberté. Essais sur le judaïsme, Paris 1976.
DVI De dieu qui vient à l'idée, 2. Aufl., Paris 1986.
EE De l'existence à l'existant, Paris 1947.
EI Ethique et infini, Paris 1982.
EM Entretiens avec le Monde, Paris 1984, S. 138-149.
ES Ecrit et sacré, in: F. Kaplan/J.-L. Vieillard-Baron (Hg.), Introduction à la philosophie de la religion, Paris 1989, S. 353-365.
HAH Humanisme de l'autre homme, Paris 1973.
HN A l'heure des nations, Paris 1988.
HS Hors sujet, Paris 1987.
LT Leçon talmudique, in: Politique et religion. Actes du XXe Colloque des intellectuels juifs de langue française, Paris 1981, S. 25-51.
NP Noms propres, Paris 1975.
SA Die Spur des Anderen. Untersuchungen zur Phänomenologie und Sozialphilosophie, übers. und hrsg. von W.N. Krewani, Freiburg/München 1983.
SaS Du sacré au saint. Cinq nouvelles lectures talmudiques, Paris 1977.
TA Le temps et l'autre (1948), Paris 1985.
TI Totalité et infini. Essai sur l'exteriorité, Den Haag 1961.
TeI Transcendance et intelligibilité, Genf 1984.

Weitere Werke in französischer Sprache

La Théorie de l'intuition dans la phénoménologie de Husserl, Paris 1930.
De l'évasion, Paris 1935.
En découvrant l'existence avec Husserl et Heidegger, Paris 1949.
Quatre leçons talmudiques, Paris 1968.
Sur Maurice Blanchot, Paris 1975.
Entre nous. Essais sur le penser à l'autre, Paris 1991.

Deutsche Übersetzungen

Die Zeit und der Andere, übers. von L. Wenzler, Hamburg 1984.
Wenn Gott ins Denken einfällt. Diskurse über Betroffenheit von Transzendenz, übers. von Th. Wiemer, Freiburg/München 1985.
Ethik und Unendliches. Gespräche mit Philippe Nemo, übers. von D. Schmidt, Graz/Wien 1986.
Totalität und Unendlichkeit. Versuch über die Exteriorität, übers. von N.W. Krewani, Freiburg/München 1987.
Eigennamen, übers. von F. Miething, München/Wien 1988.
Humanismus des anderen Menschen, übers. von L. Wenzler, Hamburg 1989.
Jenseits des Seins oder anders als Sein geschieht, übers. von Th. Wiemer, Freiburg/München 1991.
Vom Sein zum Seienden, übers. von L. Wenzler, Hamburg 1991.
Die Spur des Anderen. Untersuchungen zur Phänomenologie und Sozialphilosophie, übers. und eingeleitet von W.N. Krewani, 3. Aufl., Freiburg 1992.
Stunde der Nationen. Talmudlektüren, übers. von E. Weber, München 1994.
Zwischen uns. Versuche über das Denken des Anderen, übers. von F. Miething, München 1995.
Vier Taldmud-Lesungen, übers. von F. Miething, Wien 1993.
Schwierige Freiheit. Versuch über das Judentum, übers. von E. Moldenhauer, Frankfurt/M. 1992.
Gott, der Tod und die Zeit, übers. von A. Nettling/U. Wesel, Wien 1996.
Vom Sein zum Seienden, übers. von A.M. und N. Krewani, Freiburg/München 1997.

2. Sekundärliteratur

a) Bibliographie

R. Burggraeve, Emmanuel Lévinas. Une biographie primaire et secondaire (1975-1985) avec complément (1985-1989), Löwen 1991.

b) Sammelbände

F. Laruelle (Hg.), Textes pour Emmanuel Lévinas, Paris 1980.
Exercices de la patience 1, 1980: Emmanuel Lévinas.
J. Rolland (Hg.), Les cahiers de la nuit surveillée 3, 1984.
H.H. Henrix (Hg.), Verantwortung für den anderen – und die Frage nach Gott. Zum Werk von Emmanuel Lévinas, Aachen 1984.
Les nouveaux cahiers 82/1985.
Autrement que savoir: Emmanuel Lévinas, Paris 1988.
Répondre d'autrui. Emmanuel Lévinas, Neuchâtel 1989.
S. Hand (Hg.), The Lévinas Reader, Oxford 1989.
M. Mayer/M. Hentschel (Hg.), Lévinas. Zur Möglichkeit einer prophetischen Philosophie, Parabel, Bd. 12, Gießen 1990.
C. Chalier/M. Abensour (Hg.), Emmanuel Lévinas. Cahiers de l'Herne, 1991.
M. Dupuis (Hg.), Lévinas en contrastes, mit einem Vorwort von Paul Ricœur, Brüssel 1994.

c) Einzeltitel (ohne Einzelbeiträge der Sammelbände)

M. Blanchot, L'entretien infini, Paris 1969.
G. Bensussan, Justice, communauté et éthique à partir de Lévinas, in: Revista Portugesa de Filosofia, erscheint 2006.
R. Burggraeve, The Other and Me: Emmanuel Lévinas on Interpersonal and Social Responsibility, in: Revista Portugesa de Filosofia, erscheint 2006.
R. Capurro, Sprengsätze. Hinweise zu E. Lévinas' »Totalität und Unendlichkeit«, in: Prima philosophia, 4. Jg., Heft 2, April-Juni 1991.
B. Casper, Illéité. Zu einem Schlüssel»begriff« im Werk von Emmanuel Lévinas, in: Philosophisches Jahrbuch 91, 1984, S. 273-288.

C. Chalier, Figures du féminin. Lecture d'Emmanuel Lévinas, Paris 1982.
F. Ciaramelli, Crisi del linguaggio ed emergenza della scrittura, in: Atti dell'Academia di Scienze Morali e Politiche, Neapel 1982, Nr. 93, S. 1-46.
J. Collénoy, Heidegger et Lévinas: La question du Dasein, in: Les études philosophiques, September 1990, S. 313-333.
S. Critchley, The Ethics of Deconstruction, Oxford 1992.
J. Derrida, Adieu à Emmanuel Lévinas, Paris 1997.
Ders., Violence et métaphysique. Essai sur la pensée d'Emmanuel Lévinas, in: ders., L'écriture et la différence, Paris 1967.
A. Finkielkraut, La sagesse de l'amour, Paris 1984.
B. Forthomme, Une philosophie de la transcendance. La métaphysique d'Emmanuel Lévinas, Paris 1979.
R. Funk, Sprache und Transzendenz im Denken von Emmanuel Lévinas. Zur Frage einer neuen philosophischen Rede von Gott, Freiburg/München 1989.
A. Halder, Ontologie – Ethik – Dialogik. Zum Problem der Mitmenschlichkeit im Ausgang von Emmanuel Lévinas, in: Philosophisches Jahrbuch 91, 1984, S. 107-118.
D. Hauck, Fragen nach dem Anderen. Untersuchungen zum Denken von Emmanuel Lévinas mit einem Vergleich zu Jean-Paul Sartre und Franz Rosenzweig, Essen 1990.
P. Hayat, Emmanuel Lévinas, éthique et société, Paris 1995.
K. Huizing, Das Sein und der Andere. Lévinas' Auseinandersetzung mit Heidegger, Frankfurt/M. 1988.
L. Irigaray, Ethique de la différence sexuelle, Paris 1984.
Dies., Questions à Emmanuel Lévinas sur la divinité de l'amour, in: Critique, Nr. 522, Oktober 1990.
A. Juranville, Lacan et la philosophie, 2. Aufl., Paris 1988 (dt. München 1990).
P. Kemp, Lévinas. Une introduction philosophique, La Versanne 1997.
W.N. Krewani, Emmanual Lévinas. Denker des Anderen, Freiburg/München 1992.
M.-A. Lecourret, Emmanuel Lévinas, Paris 1994.
Z. Levy, Der Begriff der Spur bei E. Lévinas und J. Derrida, in: Prima philosophia, 4. Jg., Heft 2, April-Juni 1991.
J.-F. Lyotard, Le différend, Paris 1983.

Ders., L'inhumain. Causeries sur les temps, Paris 1988.
S. Malka, Lire Lévinas, Paris 1984.
F. Perez, D'une sensibilité à l'autre dans la pensée d'Emmanuel Lévinas. Ce n'est pas moi, c'est l'autre, Paris 2001.
S. Petrosino/J. Rolland, La vérité nomade. Introduction à Emmanuel Lévinas, Paris 1984.
S. Plourde, Emmanuel Lévinas. Altérité et responsabilité. Guide de lecture, Paris 1996.
F. Poirié, Emmanuel Lévinas, Lyon 1987.
A. Renaut, L'ère de l'individu. Contribution à une histoire de la subjectivité, Paris 1989.
P. Ricœur, Soi-même comme un autre, Paris 1990.
S. Strasser, Ethik als Erste Philosophie, in: B. Waldenfels, Phänomenologie in Frankreich, Frankfurt/M. 1983, S. 218-266.
B.H.F. Taureck, Französische Philosophie im 20. Jahrhundert, Reinbek 1988.
Ders., Ethik jenseits von Moral: Sartre, Lévinas, Baudrillard, in: Deutsche Zeitschrift für Philosophie, IV. Quartal, 1991.
Ders., Ethikkrise – Krisenethik, Reinbek 1992.
Ders., Le statut de la philosophie dans la réflexion philosophique française et francophone de nos jours, in: Laval théologique et philosophique 49, 3, Oktober 1993.
Ders., Asymmetrismus – Zum Spannungsverhältnis zwischen Gerechtigkeit und Alterität bei Zygmunt Bauman, in: M. Junge/Th. Kron (Hg.), Zygmunt Bauman, Opladen 2002, S. 409-430.
Th. Wiemer, Die Passion des Sagens. Zur Deutung der Sprache bei Emmanuel Lévinas und ihrer Realisierung im philosophischen Diskurs, Freiburg/München 1988.
E. Wyschogrod, Emmanuel Lévinas. The Problem of Ethical Metaphysics, Den Haag 1974.

Zeittafel

1906	Am 12. Januar wird Emmanuel Levinas (frz. Lévinas) als Sohn jüdischer Eltern in Kaunas, Litauen, geboren.
1923	Abreise nach Frankreich (»Weil es Europa ist«), Beginn eines Philosophiestudiums in Straßburg. Begegnung und Freundschaft mit Maurice Blanchot.
1928-29	Studium in Freiburg im Breisgau bei Husserl und Heidegger. Veröffentlichung von *Théorie de l'intuition dans la phénoménologie de Husserl.* Erwerb der französischen Staatsbürgerschaft.
1931	Zusammen mit Gabriele Pfeiffer Übersetzung von Husserls *Cartesianischen Meditationen* ins Französische.
1931-32	Teilnahme an philosophischen Treffen, organisiert von Gabriel Marcel. Dort Bekanntschaft u.a. mit Jean-Paul Sartre und Jacques Maritain.
1936	*De l'évasion.*
1939	Einberufung zum Militärdienst.
1940-45	Deutsche Kriegsgefangenschaft in einem Lager in der Nähe von Soltau (Lüneburger Heide). Lévinas' gesamte in Litauen verbliebene Familie wird während des Zweiten Weltkriegs von den Nationalsozialisten ermordet. Lévinas beschließt, niemals nach Deutschland zurückzukehren.
1947	Direktor der Ecole Normale Israélite Orientale in Paris. Bekanntschaft mit einem geistigen Meister, »Chouchani«, in der Exegese des Talmud.
1961	Nach Veröffentlichung seiner philosophischen Doktorarbeit *Totalité et infini* Professor für Philosophie in Poitiers.
1967	Professor in Paris-Nanterre.
1973	Professor an der Universität Paris IV (Sorbonne).
1974	*Autrement qu'être ou au-delà de l'essence.*
1976	Emeritierung. Seitdem Publikationstätigkeit in Paris.

1982	*L'au-delà du verset.*
	Ethique et infini.
1984	*Transcendance et intelligibilité.*
1987	*Hors sujet.*
1988	*A l'heure des nations.*
1995	Am 25. Dezember stirbt Emmanuel Lévinas in Paris.

Bernhard H.F. Taureck lehrt Philosophie an der Universität Braunschweig. Zahlreiche Veröffentlichungen. Bücher u.a.: Französische Philosophie im 20. Jahrhundert (1988); Philosophie und Metaphilosophie (1998); Nietzsche und der Faschismus (2000); Nietzsches Alternativen zum Nihilismus. Versuch einer kritischen Gesamtdeutung (1991); Ethikkrise – Krisenethik. Analysen, Texte, Modelle (1992); Psychoanalyse und Philosophie: Lacan in der Diskussion (Hg., Frankfurt/M. 1992); Die Sophisten zur Einführung (1995); Michel Foucault (1997); William Shakespeare zur Einführung (1997); Machiavelli-ABC (2002); Metaphern und Gleichnisse in der Philosophie. Versuch einer kritischen Ikonologie der Philosophie (2004); Philosophieren: Sterben lernen? Versuch einer ikonologischen Modernisierung unserer Kommunikation über Tod und Sterben (2004).

In der Reihe »Zur Einführung« im Junius Verlag bisher erschienen:

Theodor W. Adorno
von Gerhard Schweppenhäuser

Giorgio Agamben
von Eva Geulen

Hans Albert
von Eric Hilgendorf

Karl-Otto Apel
von Walter Reese-Schäfer

Hannah Arendt
von Karl-Heinz Breier

Aristoteles
von Christof Rapp

Augustinus
von Johann Kreuzer

Roland Barthes
von Gabriele Röttger-Denker

Georges Bataille
von Peter Wiechens

Jean Baudrillard
von Falko Blask

Walter Benjamin
von Sven Kramer

Henri Bergson
von Gilles Deleuze

Hans Blumenberg
von Franz Josef Wetz

Pierre Bourdieu
von Markus Schwingel

Martin Buber
von Siegbert Wolf

Judith Butler
von Hannelore Bublitz

Ernst Cassirer
von Heinz Paetzold

E.M. Cioran
von Richard Reschika

Auguste Comte
von Gerhard Wagner

Gilles Deleuze
von Michaela Ott

Jacques Derrida
von Heinz Kimmerle

René Descartes
von Peter Prechtl

John Dewey
von Martin Suhr

Wilhelm Dilthey
von Matthias Jung

In der Reihe »Zur Einführung« im Junius Verlag bisher erschienen:

Johannes Duns Scotus
von M. Dreyer/M.B. Ingham

Meister Eckhart
von Norbert Winkler

Mircea Eliade
von Richard Reschika

Norbert Elias
von Ralf Baumgart/Volker Eichener

Epikur
von Carl-Friedrich Geyer

Amitai Etzioni
von Walter Reese-Schäfer

Paul K. Feyerabend
von Eberhard Döring

Johann Gottlieb Fichte
von Helmut Seidel

Michel Foucault
von Philipp Sarasin

Gottlob Frege
von Markus S. Stepanians

Sigmund Freud
von Hans-Martin Lohmann

Hans-Georg Gadamer
von Udo Tietz

Arnold Gehlen
von Christian Thies

Johann Wolfgang von Goethe
von Peter Matussek

Jürgen Habermas
von Detlef Horster

Nicolai Hartmann
von Martin Morgenstern

Georg Wilhelm Friedrich Hegel
von Herbert Schnädelbach

Martin Heidegger
von Günter Figal

Johann Friedrich Herbart
von Matthias Heesch

Johann Gottfried Herder
von Jens Heise

Thomas Hobbes
von Wolfgang Kersting

Max Horkheimer
von Rolf Wiggershaus

Edmund Husserl
von Peter Prechtl

William James
von Rainer Diaz-Bone/Klaus Schubert

In der Reihe »Zur Einführung« im Junius Verlag bisher erschienen:

Karl Jaspers
von Werner Schüßler

C.G. Jung
von Micha Brumlik

Immanuel Kant
von Jean Grondin

Sören Kierkegaard
von Konrad Paul Liessmann

Friedrich Kittler
von Geoffrey Winthrop-Young

Lawrence Kohlberg
von Detlef Garz

Heinz Kohut
von Ralph J. Butzer

Konfuzius
von Xuewu Gu

Siegfried Kracauer
von Gertrud Koch

Jacques Lacan
von Gerda Pagel

Gottfried Wilhelm Leibniz
von Hans Poser

Emmanuel Lévinas
von Bernhard H.F. Taureck

Claude Lévi-Strauss
von Edmund Leach

John Locke
von Walter Euchner

Niklas Luhmann
von Walter Reese-Schäfer

Jean-François Lyotard
von Walter Reese-Schäfer

Niccolò Machiavelli
von Quentin Skinner

Karl Mannheim
von Wilhelm Hofmann

Karl Marx
von Flechtheim/Lohmann

Maurice Merleau-Ponty
von Christian Bermes

Michel de Montaigne
von Peter Burke

Thomas Morus
von Dietmar Herz

Friedrich Nietzsche
von Wiebrecht Ries

Charles Sanders Peirce
von Helmut Pape

In der Reihe »Zur Einführung« im Junius Verlag bisher erschienen:

Jean Piaget
von Ingrid Scharlau

Platon
von Barbara Zehnpfennig

Helmuth Plessner
von Kai Haucke

Willard Van Orman Quine
von Geert Keil

John Rawls
von Wolfgang Kersting

Paul Ricœur
von Jens Mattern

Jean-Jacques Rousseau
von Günther Mensching

Jean-Paul Sartre
von Martin Suhr

Max Scheler
von Angelika Sander

Friedrich W.J. Schelling
von Franz Josef Wetz

Carl Schmitt
von Reinhard Mehring

Arthur Schopenhauer
von Volker Spierling

Sokrates
von Christoph Kniest

Baruch de Spinoza
von Helmut Seidel

Rudolf Steiner
von Gerhard Wehr

Botho Strauß
von Stefan Willer

Leo Strauss
von Clemens Kauffmann

Charles Taylor
von Ingeborg Breuer

Thomas von Aquin
von Rolf Schönberger

Christian Thomasius
von Peter Schröder

Paul Tillich
von Gerhard Wehr

Alexis de Tocqueville
von Michael Hereth

Paul Valéry
von Ralph-Rainer Wuthenow

Eric Voegelin
von Michael Henkel

In der Reihe »Zur Einführung« im Junius Verlag bisher erschienen:

Michael Walzer
von Skadi Krause/Karsten Malowitz

Max Weber
von Volker Heins

Alfred North Whitehead
von Michael Hauskeller

Ludwig Wittgenstein
von Chris Bezzel

Slavoj Zizek
von Rex Butler

Analytische Philosophie
von Albert Newen

Angewandte Ethik
von Urs Thurnherr

Antike politische Philosophie
von Walter Reese-Schäfer

Argumentationstheorie
von Josef Kopperschmidt

Buddhismus
von Jens Schlieter

Computerphilosophie
von Klaus Mainzer

Erkenntnistheorie
von Herbert Schnädelbach

Die europäischen Moralisten
von Robert Zimmer

Feministische Ethik
von Saskia Wendel

Feministische Theorien
von R. Becker-Schmidt/G.-A. Knapp

Geschichtsphilosophie
von Johannes Rohbeck

Grundbegriffe der Ethik
von Gerhard Schweppenhäuser

In der Reihe »Zur Einführung« im Junius Verlag bisher erschienen:

Hermeneutik
von Matthias Jung

Historische Anthropologie
von Jakob Tanner

Interkulturelle Philosophie
von Heinz Kimmerle

Islam
von Peter Heine

Kulturphilosophie
von Ralf Konersmann

Medientheorien
von Dieter Mersch

Moralbegründungen
von Konrad Ott

Phänomenologie
von Ferdinand Fellmann

Rechtsphilosophie
von Detlef Horster

Taoismus
von Florian C. Reiter

Wissenschaftstheorie
von Martin Carrier